KB265067

파파라치도 모르는

Celebrity TALK

할 리 우 드 스 타 잉 글 리 시

Wise
도서출판

파파라치도 모르는 **CELEBRITY TALK**

2009년 10월 19일 초판 1쇄

지은이 ｜ 조선미
펴낸이 ｜ 김경자
편집장 ｜ 조진영
기획·편집 ｜ 김동혁, 홍성은, 임나윤
마케팅 ｜ 손정선
경영지원 ｜ 마하선
디자인 ｜ 김정희
삽화 ｜ 이준화
인쇄 ｜ 보광문화사
펴낸곳 ｜ 와이즈

서울특별시 관악구 대학동 1514번지
TEL ｜ (02)887-8416
FAX ｜ (02)887-8591
http://www.screenplay.co.kr

등록일자 ｜ 1997년 7월 9일
등록번호 ｜ 제16-1495

책값 11,800원
ISBN 978-89-93441-07-9

＊ 잘못 만들어진 책은 구입하신 서점에서 교환해드립니다.

Celebrity
TALK

할 리 우 드 스 타 잉 글 리 시

1년 전 메트로 신문에 〈Celebrity Talk〉 연재를 시작했습니다. 버락 오바마, 제니퍼 애니스톤, 워렌 버핏, 오프라 윈프리 등 유명 인사의 이야기를 외국 신문에서 요약, 발췌하여 원문과 함께 짤막한 한글 설명을 곁들인 토막 칼럼이었죠.

촌철살인 유머로 기자 회견장을 웃음바다로 만든 버락 오바마 미국 대통령, 임신 루머에 목이 쉬어라 항변하던 제니퍼 애니스톤, "인생은 눈 뭉치 같아서 잘 뭉쳐지는 눈과 긴 언덕을 찾는 것이 중요하다"고 말했던 오마하의 현인 워렌 버핏.

헐리우드 스타들의 체온이 그대로 느껴지는 영어를 전달할 때면 가슴이 정말 벅찼습니다. 다만 지면상의 제약으로 중요한 영어 표현이나 단어, 배경 지식을 원하는 만큼 담아낼 수가 없는 것이 늘 안타까웠습니다. 그러던 어느 날 반가운 메일 한 통이 날아왔습니다. "〈Celebrity Talk〉을 책으로 만들고 싶습니다." 옳거니, 기회가 온 것이지요.

오바마 대통령의 유머에 사람들이 박장대소한 이유, 애니스톤이 '양치기 소년'으로 몰리는 상황에 대한 이야기를 마침내 책 속에 시원하게 풀어냈습니다. 여기에 헐리우드 스타들의 입에서 나온 멋진 표현을 가지고 대화 문장을 만들었고 그 표현들이 독자 여러분의 것이 될 수 있도록 연습 문제를 더했습니다. 또 보너스 코너로 영자 신문에 자주 나오는 알짜배기 단어와 표현도 함께 정리했습니다.

재미있는 스타들의 기사들을 술술 읽어 내려가는 사이 영어와 상식 '두 마리 토끼'를 잡으실 거라고 믿어 의심치 않습니다. 스타들과 함께 유쾌한 수다를 한판 벌이는 기분으로 즐겁게 책장을 넘기셨으면 하는 바람입니다.

이 책이 나오기까지 많은 분들께서 도와주셨습니다. 사랑하는 가족과 친구들, 특히 원고가 하나씩 나올 때마다 꼼꼼하게 읽고 조언을 해준 Mr. Minihan과 귀염둥이 내 동생 미나에게 고마움을 전합니다. 그리고 메트로 신문사 식구들, 최고의 스승이자 친구인 Professor McGuire, 내 인생의 멘토 류부장님, 스크린 영어사 관계자 여러분, 따뜻한 격려를 보내주신 애독자 여러분께 진심으로 감사드립니다.
마지막으로 사랑하고 존경하는 외할아버지께 이 책을 바칩니다.

조 선 미

star *news*

스타들의 **생생한 소식**을
듣는다!

**헐리우드 스타들의 최신 소식을
한 눈에 볼 수 있습니다.** 브래드
피트, 톰 크루즈, 존 트라볼타, 제
시카 알바, 케이트 윈즐릿 등 헐
리우드에서 가장 잘 나가고 있는
스타들의 근황을 재미있게 풀었
습니다. 또한 정치·경제계의 유
명 인사도 함께 나옵니다. 본문에
나오는 영단어들과 함께 가벼운
마음으로 읽어보세요.

star *interview* MP3

헐리우드 스타의
살아있는 영어표현

친숙한 헐리우드 스타의 현지 인
터뷰를 경험할 수 있습니다. **각
종 인터뷰나 연설문 중에서 유용
하다고 생각되는 부분만을 선별
하여 담았습니다.** 최고의 스타들
이 뱉어내는 현지 영어를 따라해
보세요. 어느 순간 살아있는 영어
표현들이 독자 여러분의 것이 될
것입니다.

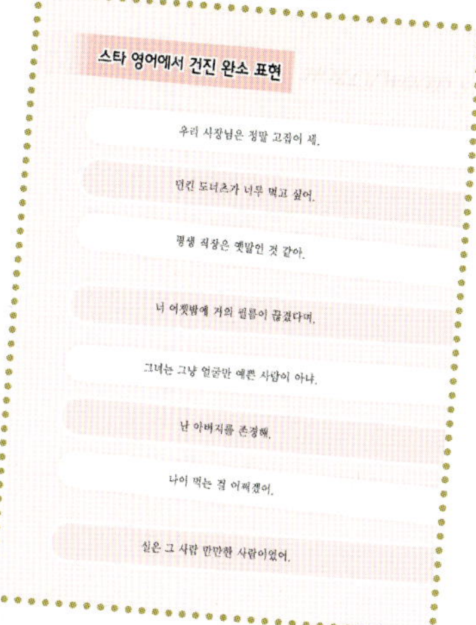

스타 영어에서 건진
완소 표현들

헐리우드 스타들의 인터뷰 중 꼭 알아둬야 할 중요 표현들을 연습해볼 수 있도록 구성하였습니다. 우리말 해석을 보고 감정을 실어 소리내어 말해보세요. 잘 모르겠다면 해당 페이지에서 꼭 확인 해보세요.

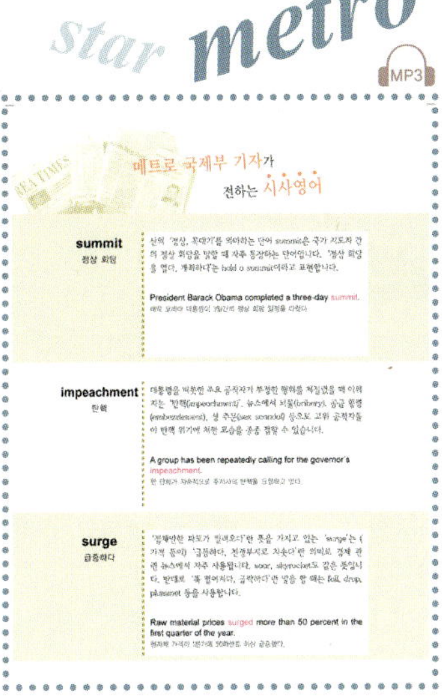

단어만 알아도
영어가 보인다

메트로 국제전문기자인 저자가 엄선한 총 60개의 단어가 수록되어 있습니다. 여기에 있는 단어들만 알아도 영자 신문을 읽는 데 큰 어려움이 없답니다. 단어에 대한 자세한 설명을 읽은 후 실제 예문과 함께 공부해보세요.

목 차

cientology?

사랑 · 행복에
빠진 스타들

Paul McCartney

Dita Von Teese

Jessica Alba

세기의 절친 프로젝트

Tom Cruise

할리우드 톱스타 톰 크루즈와 케이티 홈스의 딸, 수리 크루즈(2살) 그리고 브래드 피트와 안젤리나 졸리 커플의 딸, 샤일로 누벨 졸리 피트(2살)의 '절친 프로젝트'가 진행되고 있어 화제다. 수리의 엄마 홈스가 얼마 전 "아이들이 함께 놀면서 친구가 될 수 있도록 집에서 파티를 여는 게 어떠냐"고 졸리에게 제안했다고 한다.

한눈파는 건 절대 안돼!

Brad Pitt

브래드 피트가 아내인 안젤리나 졸리에게 뺨을 맞았다는 소문에 휩싸였다. 피트가 집에서 가정부의 등을 문질러 주는 모습을 보고 화가 난 졸리가 바로 가정부를 해고했다는 후문이다. 제니퍼 애니스톤과의 결혼 생활을 산산조각내고 피트를 차지한 졸리. 그가 다른 여자에게 한눈파는 건 절대로 용납할 수 없다는 입장.

최고의 여배우 '케이트 윈즐릿'

Kate Winslet

할리우드 최고의 섹시 스타 졸리를 누른 여인이 있었다. 그 주인공은 다름 아닌 케이트 윈즐릿. 졸리와 함께 아카데미 여우주연상 후보에 올랐던 윈즐릿은 졸리를 누르고 수상의 영광을 차지했다. 그 동안 윈즐릿은 아카데미와는 인연이 없었지만 영화 〈더 리더〉에서 최고의 연기를 선보이며 마침내 오스카상을 거머쥐었다.

자주 빨아요

Barack Obama

젊음과 패기로 미국 국민들의 가슴 속에 희망의 돌풍을 일으키며 대통령으로 당선된 '검은 케네디' 버락 오바마. 특히 그의 촌철살인 유머는 역대 대통령 가운데 그 누구도 따라올 수 없을 정도다. 빌 클린턴 전 대통령이 마리화나를 피우긴 했는데 "흡입하진 않았다"는 얘기에 빗대어 오바마가 "전 자주 빨아 봤습니다"라고 이야기해 폭소를 자아냈던 일화는 유명하다.

수리는 고집쟁이랍니다.

찰칵찰칵~ 시도 때도 없이 카메라 셔터를 누르는 파파라치와 종종 rocky relationship ^{삐걱거리는 관계} 에 있는 할리우드 스타들. 하지만 예쁜 딸 사진을 찍어줘서 고맙다며 오히려 이들을 반기는 톱스타가 있다. 바로 영화배우 톰 크루즈.

7살 연상의 여인 미미 로저스에 이어 10여 년간 결혼 생활을 함께한 니콜 키드먼과의 사이에서도 아이가 없었던 크루즈는 세 번의 결혼 끝에 케이티 홈즈와의 사이에서 2006년 딸 '수리'를 낳아 그만큼 아이에 대한 애정이 각별하다.

부부의 장점만 쏙 빼닮은 수리는 앙증맞은 bobbed hair ^{단발머리} 의 깜찍한 외모로 엄마 아빠 못지않은 인기를 누리고 있다. 성격도 활발해 처음 보는 사람들뿐만 아니라 파파라치에게도 손을 wave ^{흔들며} 인사할 정도다.

이 귀여운 꼬마 숙녀는 또한 빼어난 패션 감각을 자랑하는 little fashionista ^{리틀 패셔니스타} 로 할리우드에서도 소문이 자자하다. 특히 cute ^{깜찍한} '공주풍 드레스'를 좋아하는 수리는 pants ^{바지} 라면 질색이라고.

Suri is very determined. 수리는 고집쟁이랍니다.

굳게 '결심하다'란 뜻의 단어 determine이 'be동사 + p.p' 형태로 사용돼 '고집이 센, 단호한'이란 의미로 사용됩니다.

What do you think about paparazzi photographing your daughter?

파파라치가 딸 사진을 찍는 것에 대해 어떻게 생각하세요?

I have to say some of those paparazzi shots of my daughter are incredible. As a parent you protect your children but Suri is a very open and warm child and she will just wave to people on the street.

파파라치가 찍은 제 딸의 사진 가운데 정말 멋진 사진들이 있다고 얘기하고 싶네요. 물론 부모로서 아이를 보호해야겠지만 수리는 활발하고 다정다감한 성격이라 거리에 있는 사람들에게 손을 흔들어 줄 정도예요.

How is the 'little fashionista' Suri doing?

'리틀 패셔니스타' 수리는 어떻게 지내나요?

Suri is very determined just like her mother. I'd put a pair of pants on her and the next minute and turn around and the pants are off and a dress is on.

수리는 엄마를 닮아서 그런지 고집이 정말 세요. 한번은 제가 수리에게 바지를 입혔는데 조금 있다가 뒤를 돌아보니 글쎄 바지를 벗어 버리고 드레스로 갈아 입었더라고요.

Tips & Words

rocky relationship 동사 rock에는 '흔들리다'란 뜻이 있습니다. 그래서 rocky relationship은 '흔들리는[삐걱거리는] 관계'를 말하죠.

bobbed hair 동사 bob은 '위 아래로 재빠르게 움직이다'란 뜻. 그래서 어깨 위에서 '찰랑찰랑' 거리며 흔들리는 수리의 귀여운 단발머리는 영어로 bobbed hair라고 표현하죠.

fashionista 패션에 관심많고 최신 유행을 쫓는 사람

incredible 놀라운, 대단한

turn around 뒤돌아보다

Dialogue

A Michelle is a determined and self-confident woman.
미셸은 의지가 강하고 자신감이 넘치는 여자야.

B Yes, but at the same time, she's very sweet and loving.
응, 그렇지만 다정다감하고 사랑스럽기도 해.

오렌지 먹고 싶어 죽겠어요.

2004년 영화 〈판타스틱4〉에서 **assistant director** 조감독 과 배우로 처음 만나 연인으로 발전한 할리우드 미녀스타 제시카 알바와 남편 캐시 워렌. 이들은 2008년 5월 둘만의 **secret wedding** 비밀 결혼식 을 올렸고 결혼한 지 한 달 만에 알바를 쏙 빼닮은 딸 '아너 마리'를 낳았다.

임신 중에 **citrus fruit** 새콤한 과일 이 입맛을 당긴다며 특히 오렌지를 입에 달고 살던 그녀. 요즘은 귀염둥이 딸 자랑에 푹 빠졌다. 알바는 특히 아기가 생긴 후부터 가족과 친구들이 집에 자주 드나들어 사이가 더욱 돈독해지는 것 같다고 말했다.

최근에는 알바가 딸을 안고 **going out** 외출하는 모습이 포착돼 눈길을 끌기도 했는데 사람들은 할리우드 '**good-looking** 얼짱 모녀'라며 찬사를 아끼지 않았다.

I have a craving for oranges.

오렌지 먹고 싶어 죽겠어요.

Do you have morning sickness? What have you been eating?

입덧은 하나요? 어떤 음식을 드세요?

I can't stop eating citrus fruit. I have a craving for oranges.

새콤한 과일을 손에서 놓을 수가 없어요. 오렌지가 먹고 싶어 죽겠어요.

Long time no see. Congratulations. You gave birth to a beautiful baby daughter.

오랜만이에요. 축하드려요. 정말 예쁜 딸을 낳으셨네요.

Everything is cute including the explosive diarrhea.
I think she accidentally says 'Mama' when she's crying.
But I don't know if it is on purpose yet.

귀엽지 않은 데가 없어요. '뿍뿍' 설사하는 모습도 얼마나 예쁜지 몰라요.
요즘은 울 때 보면 '엄마' 하면서 우는 것 같은데 그 소리가 어쩌다 우연히 나온 건지, 제대로 알고 부른 건지는 아직 잘 모르겠어요.

And, it brings family together. It brings friends together.
It makes every decision that you make much more important.

그리고, 아기가 가족과 친구들을 자주 모이게 하는 것 같아요. 그리고 모든 결정을 할 때 더욱 더 신중하게 되더라고요.

Tips & Words

give birth to 아이를 낳다	**on purpose** 어떤 목적[의도]을 가지고 '일부러,
explosive 폭발적인	의도적으로' 했다는 뜻으로 "내가 걔 미워서 '일부러'
diarrhea 설사	그런 거야"와 같은 상황에서 사용할 수 있습니다.
accidentally 우연히	

Dialogue

A Every once in a while I have a craving for mashed potatoes with gravy.
가끔씩 그레이비(고기 국물로 만든 소스) 얹은 으깬 감자가 먹고 싶어 죽겠어.

B OK. Then, what kind of gravy do you want? Turkey or beef?
맞아. 근데 어떤 그레이비로 먹고 싶은데? 칠면조 아니면 쇠고기?

잠깐씩 외출하는 건 옛날 일 된 지 오래!

브래드 피트가 "아이들을 돌보느라고 꼼짝도 못한다"며 하소연했다.

할리우드 최고의 섹시스타도 아이들의 뒤치다꺼리를 해야 하는 평범한 일상에선 어쩔 수 없는 모양이다. 안젤리나 졸리와의 사이에서 태어난 **fraternal twin** 이란성 쌍둥이 남매를 비롯해 피트가 챙겨야 하는 아이들은 모두 여섯 명.

피트는 그래도 졸리가 곁에 있어 천만다행이라고 했다. 그는 아이들의 물건을 아무리 잘 챙긴다고 챙겨도 항상 뭘 빠뜨리는데 **She's right on top of it** 졸리는 절대 그런 일이 없다고.

'브란젤리나' 커플의 아이들은 주문도 가지가지인데, **two-year-old** 두 살배기 샤일로는 심지어 〈피터팬〉에서 나오는 '존'이나 '피터'로 불러달라고 한다. 부드러운 **blond hair** 금발머리 에 브래드 피트의 눈, 안젤리나 졸리의 입술을 쏙 빼닮아 '세상에서 가장 섹시한 아기'란 별명을 가지고 있는 샤일로는 아빠 촬영장에 놀러 갔다가 영화 〈벤자민 버튼의 시간은 거꾸로 간다〉에 즉석 캐스팅돼 깜짝 출연하기도 했다.

Quick outings are things of the past.

잠깐씩 외출하는 건 옛날 일 된 지 오래.

'과거의 일'을 뜻하는 things of the past는 예전엔 사용했지만 요즘은 사용하지 않는 것들 또는 하지 않는 일을 말합니다.

How are things going these days?

요즘 어떻게 지내세요?

Life is less mobile. Quick outings are things of the past. We don't go to the mall. It's like a half-an-hour just to get everyone buckled in and make sure they've got their snacks.

삶의 여유가 없어졌어요. 잠깐씩 외출하는 건 옛날 일이 된 지 오래예요. 쇼핑몰에도 안 가요. 애들을 차에 태우고 안전띠 맸는지 확인하고, 간식을 챙기는 데만도 30분이 걸린다니까요.

And, Shiloh only wants to be called John. John or Peter. So it's a Peter Pan thing.

그리고, 샤일로는 자기를 '존'이라고 불러달래요. 존 아니면 피터요. 피터팬에서 나오는 이름 말이에요.

But you've got a great wife, Angelina Jolie to help you.

그래도 당신을 도와줄 멋진 아내 안젤리나 졸리가 있잖아요.

She's right on top of it. Thank God, because I'm always forgetting something.

그녀는 뭘 빠뜨리는 법이 없어요. 천만다행이죠. 전 항상 깜빡깜빡하거든요.

Tips & Words

| mobile 움직일 수 있는
| Buckle up! '안전띠 매세요(Fasten your seat belt.)'와 같은 뜻입니다.
| snack 간식

| on top of~ ~를 완전히 통제하는
(= in complete control)

Dialogue

A I think lifetime jobs are things of the past.
평생 직장은 옛말인 것 같아.

B You're right. Changing jobs is now a common thing to do.
맞아. 직장 옮기는 게 이제 예삿일인데 뭐.

기절할 뻔 했어요.

미국의 5인조 여성 그룹 '푸시캣 돌스(Pussycat Dolls)'의 니콜 셰르징거가 7살 연하 남자 친구 때문에 **almost collapse** ^{기절할 뻔 했다}. 브라질에서 열린 세계최고 모터쇼 '포뮬러 원'(F1)에 참가한 애인 루이스 해밀턴이 최연소의 나이(23세 9개월 26일)로 F1 종합 우승을 차지했기 때문이다. 현장에서 열띤 응원을 펼치던 그녀는 해밀턴이 결승선을 1위로 통과하자 **cheering** ^{기쁨의 환호성} 을 지르며 흥분을 감추지 못했다.

셰르징거는 2005년 〈Don't Cha〉로 혜성같이 등장해 **huge popularity** ^{폭발적인 인기} 를 누리고 있는 그룹 푸시캣 돌스의 리드싱어로 **appearance** ^{외모}, 노래, 춤, 3박자를 모두 갖추었다는 평을 받고 있다. **top-notch driver** ^{최고의 드라이버} 로 불리는 영국의 스포츠 스타 루이스 해밀턴과 연인 사이임이 밝혀진 이후 일각에선 셰르징거가 '제 2의 빅토리아 베컴'으로 부상할 가능성을 점치고 있다.

I almost did collapse. 기절할 뻔 했어요.

'almost + 동사' 패턴은 '거의 ~하다 ~할 뻔 하다'란 뜻입니다.
I almost died (죽을 뻔 했어). 참고로 did는 강조의 용법으로 쓰인 것!

How do you feel about his winning?

해밀턴이 우승했는데 기분이 어떠세요?

I almost did collapse in the garage. I couldn't calm down, nor could Nicholas. We just both kept screaming at each other. I can only thank God for that moment when Lewis crossed the line as champion.

차고에 있다가 정말이지 기절할 뻔 했어요. 저도 니콜라스(루이스 해밀턴의 동생)도 진정할 수가 없었어요. 서로 바라보면서 계속 소리만 질렀죠. 루이스가 결승점을 1위로 통과한 순간 신께 감사드렸어요.

Don't you think that he was born with a winning personality?

그는 정말 강인한 승부욕을 타고 난 것 같지 않나요?

Where the winner mentality comes from? Only God knows that because he gave him the gifts, but besides that he is a real hard worker.

챔피언의 그런 정신력은 어디서 나오는 걸까요? 그에게 이런 재능을 선물해주신 신만이 알고 계시겠죠. 게다가 그 사람은 정말 노력파예요.

Tips & Words

collapse 건물 등이 '무너지다'란 뜻을 가지고 있는 단어. 본문에선 사람이 '쓰러지다'란 뜻으로 almost와 함께 쓰여 '기절할 뻔 하다'란 의미로 사용됐습니다.

garage 차고, 차량 정비소
calm down (마음을) 가라앉히다, 안정을 찾다
mentality 정신력

Dialogue

A My father almost collapsed yesterday because of high blood pressure.
아버지께서 어제 고혈압 때문에 쓰러질 뻔 하셨어.

B Oh, how does he feel now? Does he feel any better?
저런, 지금은 어떠셔? 좀 좋아지셨어?

추수감사절은 맛있는 음식만 먹는 날이 아니잖아요.

영화 〈셰익스피어 인 러브〉 등을 통해 특유의 **graceful** ^{우아한} 매력을 발산하는 배우로 잘 알려져 있는 귀네스 펠트로. 아름다운 외모와 연기뿐만 아니라 **good cook** ^{훌륭한 요리사} 로도 할리우드 내 소문이 자자하다.

영국 록그룹 '콜드 플레이'의 리드보컬인 남편 크리스 마틴과의 사이에 아들과 딸 하나씩을 둔 펠트로는 가족을 위해 음식을 준비할 때면 정말 행복하다고 한다.

그런 그녀가 가장 좋아하는 **holiday** ^{명절} 은 역시나 가족들이 식탁에 빙 둘러 앉아 맛있는 요리도 먹고 두런두런 얘기도 나누는 추수 감사절. 특히 추수감사절은 그냥 모여서 맛있는 음식을 먹는 것 이상의 특별한 의미가 있는 날이라 더욱 좋아한다고 한다.

펠트로는 2010년 요리책도 출간할 예정. 그녀는 식탁에 빙 둘러 앉아 식구들이 **the importance of togetherness at mealtime** ^{함께 식사하는 게 얼마나 중요한지} 에 대해 책을 통해 이야기할 계획이다.

Thanksgiving is about more than just yummy food.

추수감사절은 그냥 맛있는 음식만 먹는 날이 아니잖아요.

be (about) more than은 '~이상의 의미[가치]가 있다' 란 뜻입니다.
겉으로 보이는 것 이상의 의미와 가치 등을 설명할 때 사용하는 표현입니다.

I've heard that you are a good cook.

요리 정말 잘 하신다고 들었는데요.

I love the cooking — the days of planning and chopping and basting.

요리하는 걸 정말 좋아해요. 며칠간 계획을 세운 다음 재료를 자르고 (버터, 양념 등을 발라) 고기도 지글지글 굽고요.

What is your favorite holiday? Do you like to cook for your family?

가장 좋아하는 명절은 어떤 건가요? 가족을 위해 요리하는 걸 좋아하세요?

Thanksgiving is, without a doubt, my favorite holiday. I love when everyone comes together and celebrates the idea of gratitude. Thanksgiving is about more than just yummy food.

생각할 필요도 필요도 없이 제가 가장 좋아하는 명절은 추수감사절이에요. 사람들이 함께 모여 감사하는 마음을 나누는 게 정말 좋아요. 추수감사절은 맛있는 음식을 먹는 것 이상의 의미가 있는 날이잖아요.

Tips & Words

chop (칼 등으로) 자르다, 잘게 썰다
baste (고기를 구울 때) 버터 등을 치다
without a doubt '의심의 여지 없이'란 뜻으로 '당연하지, 두말하면 잔소리'란 의미로 사용합니다.
gratitude 감사하는 마음
yummy 맛있는

Dialogue

A Audrey Hepburn is more than just a pretty face.
오드리 헵번은 그냥 얼굴만 예쁜 사람이 아냐.

B Without a doubt!
두말하면 잔소리지! (당연하지!)

전 정말로 그 사람을 존경했어요.

영화, 음악 등 각 예능 분야에서 뛰어난 활약을 보인 스타들이 별모양의 동판 위에 handprint and autograph ^{손도장과 사인} 등을 남기는 곳으로 유명한 미국 로스앤젤레스 최고의 명소 Hollywood Walk of Fame ^{할리우드 명예의 거리}.

〈쇼생크 탈출〉의 배우이자 〈데드맨 워킹〉의 감독으로 유명한 영화배우 팀 로빈스가 드디어 이곳에 자신의 손도장을 찍었다. 로빈스의 별 모양 청동판은 20년을 함께 한 아내 수잔 서랜던의 '별' 옆에 나란히 놓였다.

연기파 배우이자 평생의 반려자인 서랜던 여사 옆에 2371번째 별을 새기게 된 로빈스은 "명예의 거리에 이름을 남기게 돼 영광"이라며 이곳 바닥에 담배꽁초를 버리던 젊은 시절의 추억에 대해 이야기했다. 그는 "스타들의 이름이 새겨진 별 모양 재떨이에 담배 꽁초를 would stub out ^{비벼 끄곤 했다}"며 머쓱해했다.

한편, 소식을 듣고 달려온 로빈스의 절친한 친구인 배우 잭 블랙은 "나는 팀이 좋아서 그의 stalker ^{스토커} 가 됐을 정도"라며 로빈스의 명예의 거리 입성을 재치 있는 입담으로 축하했다.

I really looked up to him.

전 정말로 그 사람을 존경했어요.

look up to ~는 '~를 우러러(up) 보다(look), 존경하다' 란 뜻입니다.

You've finally received a star on the Hollywood's Walk of Fame.

할리우드 명예의 거리에 드디어 입성하셨네요.

I **used to** take the bus from here to Burbank to go to work. When the bus was late, I would walk up and down and **stub** my cigarettes out on the stars. Now I'm honored that someone else will do that to me.

예전에 버뱅크로 일하러 갈 때 이 곳에서 버스를 타고 다녔어요. 버스가 늦게 오면 명예의 거리를 걸어서 다니곤 했는데 그때 바닥에 담배꽁초를 비벼서 끄곤 했어요. 이젠 다른 사람이 제 이름 위에다 담배꽁초를 버리는 영광을 누릴 수 있겠네요.

Jack, how do you feel about seeing the handprint of Tim Robins?

잭, 팀 로빈스의 손도장을 본 소감이 어떠세요?

I really looked up to him. I actually became his stalker because I wanted to be part of his world.

저는 정말로 그 사람을 존경해요. 사실 그의 스토커가 됐을 정도였죠. '팀 로빈스 세계'의 일부로 남고 싶어서요.

Tips & Words

used to ~하곤 했다(과거의 규칙적인 습관). 뒤에 나오는 would는 같은 의미지만 주로 불규칙적인 습관을 나타냅니다.

stub 연필, 담배 등의 끝부분. 즉 '토막, 꽁초' 란 뜻이 있는데 본문에선 out과 함께 쓰여 '담배 꽁초를 비벼 끄다' (stub out)란 동사로 사용됐습니다.

Dialogue

A Who do you respect the most?
가장 존경하는 사람이 누구야?

B I really **look up to** my parents.
나는 우리 부모님을 정말 존경해.

가는 세월을 누가 잡을 수 있겠어요.

1960년대 최고의 모델이자 살아 있는 **fashion icon** 패션 아이콘으로 꼽히는 트위기. 그녀가 새 것이나 다름없는 옷들을 **donate** 기부 받아 교환하는 〈Twiggy's Frock Exchange〉란 TV 프로그램을 통해 여성들을 찾아 나섰다. 그녀는 "**credit crunch** 신용 위기로 전 세계 경제가 휘청거리는 요즘 딱 맞는 **timely** 시기적절한 프로그램"이라며 "실속파 여성들의 아름다운 변신을 위해 신상 파티를 열겠다"고 말했다.

트위기는 "여성에게 쇼핑을 하지 말라는 건 **Pope** 교황한테 **pray** 기도 하지 말라고 얘기하는 것과 같다"며 "형편이 아무리 어려워도 쇼핑을 포기할 수 없는 이유"에 대해 한껏 목소리를 높였다. 환갑의 나이가 무색할 정도로 왕성한 활동을 펼치며 행복한 나날을 보내고 있는 그녀. 나이 먹는 게 두렵지 않느냐고 묻자 "가는 세월을 어쩌겠냐"며 미소 지었다.

None of us can escape getting older.

가는 세월을 누가 잡을 수 있겠어요.

None of ~는 '아무도(아무것도) ~하지 못하다' 란 뜻으로 문장 전체를 부정할 때 사용합니다.
None of them are perfect. (그 사람들 중 누구도 완벽하지는 않다)

Could you tell me about your TV program?

당신이 진행하고 있는 TV 프로그램에 대해 얘기 좀 해주시겠어요?

It's kind of timely now, because of the credit crunch; I'm not suggesting that we give up shopping—that would be like telling the Pope not to pray—but it's a new way to get new clothes without breaking the bank.

신용 위기 상황이 닥친 요즘 딱 맞는 프로그램인 것 같아요. 우리가 쇼핑을 포기해야 한다고 말하는 건 아니에요. 그건 교황에게 기도하지 말라고 얘기하는 것과 같죠. 다만 통장을 바닥내지 않고 새 옷을 장만할 수 있는 새로운 방법을 마련한 거죠.

You look gorgeous, Twiggy. But aren't you afraid of getting older?

트위기, 당신은 정말 아름다워 보이는데요. 혹시 나이 드는 게 두렵진 않으세요?

Some women get into a panic when they get to 40, but there's really no need to become hysterical about it. None of us can escape getting older.

마흔 살이 되면 놀래서 새파랗게 질리는 여성들이 있는데, 뭐 그렇게 흥분할 필요 있나 싶어요. 가는 세월을 누가 잡을 수 있겠어요.

timely 시기 적절한	break the bank 큰 비용을 들이다
credit crunch 신용 위기	hysterical 몹시 흥분한, 신경질적인
I'm not suggesting ~하라는 얘기가 아니다	

Dialogue

A I'm worried about wrinkles and eye bags.
주름살하고 눈 밑이 처져서 걱정이야.

B Why not put on some anti-aging cream? But, you know, none of us can escape getting older.
노화 방지 크림 좀 바르지 그래? 뭐, 근데 나이 먹는 걸 어쩌겠어.

만만하게 보이면 안 돼!

영화 〈글래디에이터〉에서 charismatic ^{카리스마 넘치는} 검투사로 전 세계 관객을 매료시킨 배우 러셀 크로. 하지만 터프 가이의 진면모를 보여준 크로도 집에선 아이들한테 꼼짝 못하는 sweet dad ^{부드러운 아빠} 다. 아이들의 request ^{부탁} 이라면 절대 거절을 못하겠다고 하니 말이다. 또한 아이 둘을 키우다 보니 이제 동시에 여러 가지 일을 할 수 있는 멀티 플레이어가 됐다고 말한다. 그래서 아이들 엄마가 집을 비워도 끄떡없다고.

한편, 크로는 〈글래디에이터〉에서 호흡을 맞춘 리들리 스콧 감독의 새 영화 〈노팅햄〉의 주인공으로 일찌감치 캐스팅돼 촬영을 앞두고 있다. 그는 중세 영국의 전설적 영웅 '로빈 후드'가 새롭게 villain ^{악당} 으로 그려지는 이번 영화를 통해 다시 한번 야성미 넘치는 모습을 보여줄 계획이다.

Don't be a pushover! 만만하게 보이면 안 돼! 당당히 맞서!

Pushover는 옆에서 밀면(push) 툭하고 넘어가는(over) 사람을 뜻하는 단어입니다. '주변 상황에 쉽게 영향을 받는 사람, 잘 속는 사람, 만만한 사람'을 의미해요.

Concerning your children, who is the disciplinarian: you or your wife?

아이들에게 누가 더 엄격한 편인가요? 당신인가요 아니면 아내인가요?

Between my wife and myself, I'm the pushover as far as the kids are concerned. I wouldn't call myself strict as such, but I have certain desires for my boys, like any parent. I want my boys to be good boys.

아내와 저 둘 중에서 아이들에 관한 일이라면, 제가 더 쉽게 넘어가는(지는) 편이죠. 전 그렇게 엄격한 편은 아니에요. 하지만 제 아이들이 착하게 잘 자라길 바라는 마음은 다른 부모들과 똑같아요.

Any differences in your life after being a father?

아버지가 된 뒤에 달라진 점이 있나요?

I learned to multitask. Everybody who's got kids knows exactly what that drill is. When you are the father of two, and sometimes mom's got to work, you got to do it, man.

여러 가지 일을 동시에 하는 법을 배웠어요. 아이가 있는 사람이라면 아마 누구든지 공감할 거예요. 두 아이의 아빠라면 가끔 엄마가 일하러 가고 없는 상황에서 무엇이든 혼자 알아서 척척 해야 하지 않겠어요.

Tips & Words

| **disciplinarian** 규율이 엄한 사람
참고로 discipline은 명사로 훈련, 규율이란 뜻입니다.

| **as far as ~ be concerned** ~에 관해서는
| **multitask** (여러 가지 일을) 동시에 하다

Dialogue

A His noisy gum chewing and constant knuckles cracking drive me crazy.
저 사람 시끄럽게 껌 씹는 소리하고 계속해서 손가락 관절 꺾는 소리 때문에 미치겠어.

B Just tell him to stop. Don't be a pushover when it comes to his bad manners.
그러지 말라고 똑 부러지게 얘기해. 저런 나쁜 매너는 꼭 짚고 넘어가야 해.

우리 사장님은 정말 고집이 세.

던킨 도너츠가 너무 먹고 싶어.

평생 직장은 옛말인 것 같아.

너 어젯밤에 거의 필름이 끊겼다며.

그녀는 그냥 얼굴만 예쁜 사람이 아냐.

난 아버지를 존경해.

나이 먹는 걸 어쩌겠어.

실은 그 사람 만만한 사람이었어.

summit
정상 회담

산의 '정상, 꼭대기'를 의미하는 단어 summit은 국가 지도자 간의 정상 회담을 말할 때 자주 등장하는 단어입니다. '정상 회담을 열다, 개최하다'는 hold a summit이라고 표현합니다.

President Barack Obama completed a three-day summit.
버락 오바마 대통령이 3일간의 정상 회담 일정을 마쳤다.

impeachment
탄핵

대통령을 비롯한 주요 공직자가 부정한 행위를 저질렀을 때 이뤄지는 '탄핵(impeachment)'. 뉴스에서 뇌물(bribery), 공금 횡령(embezzlement), 성 추문(sex scandal) 등으로 고위 공직자들이 탄핵 위기에 처한 모습을 종종 접할 수 있습니다.

A group has been repeatedly calling for the governor's impeachment.
한 단체가 지속적으로 주지사의 탄핵을 요청하고 있다.

surge
급증하다

'집채만한 파도가 밀려오다'란 뜻을 가지고 있는 'surge'는 (가격 등이) '급등하다, 천정부지로 치솟다'란 의미로 경제 관련 뉴스에서 자주 사용됩니다. soar, skyrocket도 같은 뜻입니다. 반대로 '뚝 떨어지다, 급락하다'란 말을 할 때는 fall, drop, plummet 등을 사용합니다.

Raw material prices surged more than 50 percent in the first quarter of the year.
원자재 가격이 1분기에 50퍼센트 이상 급증했다.

release
석방하다

release는 잡고 있던 사람이나 동물 등을 '놓아주다, 풀어주다' 또는 소식 등을 '전하다, 공개하다'란 뜻입니다. '인질 석방'(hostage release), '영화 개봉'(film release) 등의 표현에서 볼 수 있습니다.

The hostages were released unharmed.
인질들은 다친 데 없이 석방됐다.

hearing
청문회

어떤 문제에 대해 질문을 던지고 답을 듣는 자리인 '청문회'는 hearing입니다. 장관 내정자를 비롯해 후보들의 자질을 두고 질문 공세를 펼치는 인사 청문회는 confirmation hearing이라고 합니다.

During the hearing, she will be questioned carefully about her views on abortion and gun rights.
그녀는 청문회에서 낙태와 총기 소유 문제에 대해 집중 포화를 받게 될 것이다.

vote
투표하다

vote(투표하다)는 선거와 관련해서 가장 많이 나오는 단어 중 하나입니다. ~에 '찬성표를 던지다'는 'vote for~'(↔against)라고 표현합니다. 또 '유권자'는 voter, '투표 용지'는 ballot이라고 합니다. 그래서 '투표하다'란 말을 cast a ballot(한 표 던지다)이라고 할 수도 있습니다.

They voted for the energy bill.
그들은 에너지 법안에 찬성표를 던졌다.

졸리는 '준비의 여왕'

영화 〈체인질링〉을 통해 배우와 감독으로 만난 클린트 이스트우드와 안젤리나 졸리. 1920년대 미국사회를 경악시킨 아동 serial killer ^{연쇄 살인범} 의 실화를 바탕으로 한 이 영화에서 졸리는 missing ^{실종} 된 아들을 찾기 위해 corrupt ^{부패한} 경찰과 맞서 싸우는 어머니 역할을 맡았다.

〈미스틱 리버〉〈밀리언달러 베이비〉 등의 영화를 통해 배우뿐 아니라 감독으로 reputation ^{명성} 을 날리고 있는 이스트우드는 "talent ^{재능} 있는 배우와 일하게 되어 행복하다"며 졸리에 대한 칭찬을 아끼지 않았다. 또한 "졸리는 당장 촬영에 들어가도 될 정도로 항상 준비가 되어 있는 배우여서 '준비의 여왕'으로 불릴 정도"라고 덧붙였다.

Jolie is very prepared. 졸리는 '준비의 여왕'

Would you tell me about the film, Changeling?

영화 〈체인질링〉에 대해 말씀 좀 해주시겠어요?

It's sort of an adult horror story. It's what this woman had been put through by the Establishment.

일종의 성인용 호러 영화예요. 기득권층으로 인해 곤경에 처한 한 여성의 이야기죠.

Angelina Jolie played the main character. How was her acting?

안젤리나 졸리가 주인공을 맡았는데요. 연기는 어땠나요?

I've always admired her talent. She's somewhat hampered sometimes by having this gorgeous face, the most gorgeous face on the planet. She is a great talent, and it would be easy to overlook that.

전 항상 그녀의 재능을 높이 평가해 왔어요. 그런데 그녀는 지구에서 가장 아름답다고 해도 과언이 아닐 정도로 아름다운 그녀의 외모 때문에 오히려 가끔은 방해를 받는 것 같아요. 그녀는 정말 뛰어난 재능을 가진 사람인데, 그런 사실을 쉽게 지나칠 수 있거든요.

When it comes to working with Jolie, she's very prepared. She's ready to go right away.

일에 관해서라면, 졸리는 정말이지 '준비의 여왕'이에요. 당장 촬영에 들어가도 될 정도죠.

Tips & Words

sort of 일종의, ~같은 것	**hamper** 방해하다
put through (힘든 일 등을) 겪다, 수행하다	**overlook** 쉽게 지나치다, 간과하다
the Establishment 기득권층	**when it comes to** ~에 관해서라면 (to뒤에는 명사나 동명사가 온다)

Dialogue

A Don't be a chicken. Just ask her out.
너무 소심하게 굴지 마. 그냥 가서 데이트 신청해.

B Well… I'm a coward when it comes to love.
글쎄… 사랑에 대해선 내가 좀 겁쟁이잖아.

이건 그냥 늪 같은 데
사는 거머리가 아니에요.

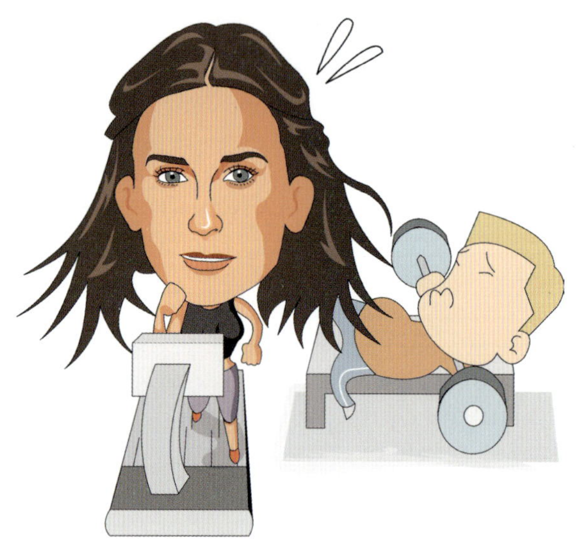

열 다섯 살의 나이 차이를 훌쩍 뛰어 넘어 꽃미남 애쉬튼 커처와 결혼에 성공한 데미 무어. 두 사람은 얼마 전 오스카 시상식 직후에 열린 파티에도 함께 참석해 **affection** 애정 을 **show off** 과시 했다. 데미 무어는 미니 블로그인 '트위터(Tweeter)'를 통해 "이날 너무 열심히 춤추고 놀았더니 발이 아파 죽겠다"며 귀여운 엄살을 부리기도 했다.

47세의 나이에도 아름다운 미모와 **tight body** 탄력 있는 몸매 를 자랑하며 연하 남편의 사랑을 독차지하고 있는 그녀는 각종 운동 및 **full-body makeover** 전신 성형 을 하는 것으로도 유명한데 심지어 **leech therapy** 거머리 치료 를 받기도 했다고 한다.

These aren't just swamp leeches.

이건 그냥 늪 같은 데 사는 거머리가 아니에요.

Did you have a good time at the party?

파티 즐거웠나요?

I'm so tired 2day(today) and my feet R(are) killing me from dancing. Everyone seemed 2(to) have a gr8(great) time!

오늘 너무 피곤해요. 춤추고 놀았더니 발이 아파서 죽을 것 같아요. 모두 즐거운 시간을 보낸 것 같아요!

I've heard that you love leeches.

거머리를 정말 좋아한다는 얘기를 들었는데요.

These aren't just swamp leeches, though — we are talking about highly trained medical leeches — these are not some low-level scavengers. It detoxifies your blood.

이건 그냥 늪 같은 데 사는 거머리가 아니에요. 잘 훈련된 의료용 거머리죠. 질 낮은 '청소부 거머리' 랑은 차원이 달라요. 피에 있는 독소를 제거해 주거든요.

I feel like I've always been someone looking for the cutting-edge of things that optimize my health and healing.

저는 항상 제 몸을 최상의 컨디션으로 유지해줄 뿐만 아니라 치유해주는 최신 기법을 찾고 있는 사람 인 것 같아요.

Tips & Words

leech 거머리	detoxify ~에서 독을 제거하다, 해독하다
swamp 늪, 습지	feel like ~인 것 같다
scavenger 청소 동물, 곤충	cutting-edge (기술 등의) 최첨단의

Dialogue

A For a couple of months, I've been struggling to lose the extra weight that I had gained.

한 두세 달 동안, 살찐 거 빼느라고 너무 힘들었어.

B You know what? I've always been on a diet ever since I was in the fifth grade.

있잖아, 그거 알아? 난 초등학교 5학년 때부터 계속 다이어트 중이야.

제 아내가 되었어요.

"우리 결혼했어요."

1997년 **homosexual** ^{동성애자} 로 커밍아웃을 해 미국 사회를 떠들썩하게 만든 유명 코미디언 겸 배우 엘런 드제너러스. 얼마 전 배우 출신 여자친구인 포샤 드 로시와 결혼식을 올려 **draw the public attention** ^{세간의 화제} 가 되고 있다. 드제너러스의 사랑을 듬뿍 받고 있는 로시는 미국 인기 드라마 〈앨리 맥빌〉의 **cold-blooded** ^{냉혈} 변호사 '넬'로 잘 알려져 있다. 결혼 소감을 묻는 취재진의 질문에 드제너러스는 "전 이제 세상에서 가장 행복한 사람이에요"라며 연인에 대한 애정을 한껏 드러냈다.

이제 정식 부부가 된 두 사람은 할리우드 최고의 '동성 연예인' 커플로 활약할 예정이다. 현재 드제너러스는 자신의 이름을 건 TV 토크쇼 〈The Ellen DeGeneres Show〉를 진행하며 '토크쇼의 여왕'으로 등극, 최고의 인기를 누리고 있다. 최근엔 로시가 **guest on the show** ^{초대 손님} 으로 등장해 눈길을 끌었다.

She happens to be my wife. 제 아내가 되었어요.

'(우연히) ~하게 되다'란 뜻이에요. '혹시'라는 의미로도 사용됩니다.

How do you feel now, Ellen?

엘런, 지금 기분이 어떠세요?

What can I say? I'm the luckiest girl in the world. She's officially off the market. No one else gets her. And now she'll cook and clean for me.

무슨 말로 표현할 수 있을까요? 전 세상에서 가장 행복한 여자예요. 로시가 '연애시장'에서 '퇴출'된 셈이죠. 아무도 그녀를 차지할 수 없잖아요. 그리고 이제 절 위해 요리도 하고 청소도 하겠네요.

What about you, Rosi?

로시는 어때요?

The love we felt from the people surrounding us, and the love we have for each other, made this the most beautiful and emotional day.

Our first guest is the star of the new ABC show; she also happens to be my wife. Please welcome the lovely Portia De Rossi.

저희를 축복해 주시는 주변의 모든 분들 그리고 서로를 향한 우리의 사랑이 어우러져 오늘 이순간을 세상에서 가장 아름답고 가슴 벅찬 날로 만든 것 같아요. 오늘 첫 번째 초대 손님은 새로운 ABC 쇼의 스타입니다. (어쩌다 보니) 제 아내가 되어있네요. 사랑스러운 포샤 드 로시를 환영해 주세요.

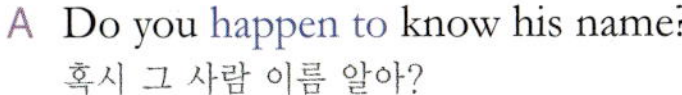

emotional 감정적인

Dialogue

A Do you happen to know his name?
혹시 그 사람 이름 알아?

B Sorry. I don't know.
미안해. 모르겠어.

우린 서로 잘 통해요.

〈타이타닉〉 커플 케이트 윈즐릿과 리어나도 디캐프리오가 11년 만에 영화 〈레볼루셔너리 로드〉에서 couple 부부 로 만났다.

이 영화는 윈즐릿의 husband 남편 인 영화 감독 샘 멘데스가 메가폰을 잡아 더욱 화제가 됐는데 그녀는 "남편 앞에서 야한 촬영을 하려니 기분이 정말 weird 이상 했어요" 라고 말했다.

사실 윈즐릿은 match made in heaven 찰떡 궁합 파트너인 디캐프리오를 이번 영화의 남자 주인공으로 적극 recommend 추천 한 것으로 알려졌다. 그녀는 오랜 친구인 디캐프리오에게 연락해 약속을 잡은 후, 그곳에 남편을 대신 내보내서 캐스팅을 성사시켰다고 한다.

We have <u>ha</u>ve good <u>che</u>mistry. 우린 서로 잘 통해요.

Did you have good chemistry with Leonardo DiCaprio?
리어나도 디캐프리오와 서로 호흡은 잘 맞았나요?

I hadn't realized how much my chemistry with him since Titanic would still stick. It's great to discover we can just slip right into it like muscle memory.
〈타이타닉〉때 느꼈던 그와의 교감이 아직까지 남아 있을 거라고는 생각지도 못했어요. 그런데 마치 몸이 기억이라도 하는 것처럼 곧장 연기에 몰입할 수 있어서 정말 좋았어요.

Wasn't it a little awkward to film sex scenes in front of your husband?
당신이 남편 앞에서 섹스 장면을 촬영해야 한다는 게 좀 어색하진 않았나요?

I just kept saying, "This is too weird. And I'm going, yeah…" You're my best friend. He's my husband.
전 계속 "이건 너무 이상해." 라고 그래서 속으로 '레오는 내 가장 친한 친구이고, 저 사람은 내 남편'이라는 사실을 되뇌었어요.

| **stick** ~에 딱 달라붙다, (기억 등이) 남아 있다 | **muscle memory** 근육 기억 (오랜 습관으로 근육 |
| **slip into** ~에 쑥 미끄러지듯 들어가다 | 이 기억하고 있는 것) |

Dialogue

A What do you think about him?
그 사람 어때?

B He's very nice. We have good chemistry between us.
정말 멋져. 우린 뭔가 잘 통하는 것 같아.

베컴의 꽃미남 외모도 시들기 마련!

World-famous soccer player 세계적인 축구 스타 데이비드 베컴의 아내인 빅토리아 베컴이 한 토크쇼에 출연해 남편과 아이들에 대한 이야기 꽃을 피우며 가족애를 과시했다. 지난해 9th wedding anniversary 결혼 9주년 을 맞이한 빅토리아는 "그 어느 때보다 남편을 사랑해요"라며 베컴에 대한 변함없는 애정을 표현했다.

그런데 그녀는 베컴이 수려한 외모에 대해 주변 사람들에게 compliment 칭찬 을 받을 때면 "꽃미남 외모가 평생 가지는 않는다"고 남편에게 이야기한다며 a sense of humor 유머 감각 을 뽐냈다. 빅토리아에게 10년 가까이 결혼 생활을 잘 유지하는 비결이 뭐냐고 묻자, 그녀는 "부부에게는 같이 있는 시간이 정말 중요하다"고 말했다.

Beckham's good look will fade.

베컴의 꽃미남 외모도 시들기 마련!

fade는 '(색깔 등이) 바래다, 사라지다' 란 뜻입니다. '시간이 흐르면서 점차 사라지다' 란 의미로 사용됩니다.

Do you still love him as you did when you first met him?

처음 만났을 때처럼 아직도 베컴을 사랑하나요?

I love him more now than I did when I first met him all those years ago. We are very lucky to have each other.

전 옛날에 그 사람을 처음 만났을 때보다 지금 더 사랑해요. 우리가 만난 건 서로에게 정말 행운인 것 같아요.

Everyone says David is so good-looking and I'm funny. And I tell David that looks will fade.

사람들이 데이비드를 보면 '정말 잘생겼다' 고 하는데 저보고는 그냥 재미있대요. 그럼 전 남편한테 외모는 시들기 마련이라고 말하죠.

Is there a secret to keeping your marriage a happy one?

행복한 결혼 생활을 유지하는 비결이 있나요?

We go a on date nights, we go away together, and everything we do revolves around the children. But we spend a lot of time together, which I think is really important.

밤에는 데이트도 하고요, 어디 멀리 갈 때도 같이 가요. 물론 뭘 하든 항상 아이들을 중심으로 하죠. 하지만 저희는 단둘이 보내는 시간도 많이 있어요. 사실 그게 정말 중요한 것 같아요.

Tips & Words

go on a date nights 밤에 데이트하다

revolve 돌다, 회전하다

Dialogue

A The guy I met on a blind date is not that good-looking.
어제 소개팅에서 만난 남자 얼굴이 좀 별로던데.

B Don't judge a book by its cover. Good looks will fade one day.
외모만 보고 판단하지 마. 훤칠한 외모도 언젠간 사라지기 마련이거든.

그 녀석은 계속 혀를 내밀어요.

In the 1990s ^{1990년대} 하이틴 스타로 미국 인기 TV 시리즈 〈마법 소녀 사브리나〉를 통해 많은 사랑을 받았던 멜리사 조앤 하트. 그녀가 어느덧 두 아이의 엄마가 되어 **naughty** ^{장난꾸러기} 아이들을 키우느라 **very busy days** ^{정신없는 나날} 을 보내고 있다.

그녀는 "힘들긴 하지만 아이들을 보고 있을 때면 **lose track of time** ^{시간 가는 줄 모르겠다}"고 말했다. 특히 한 살도 안된 둘째의 재롱이 정말 사랑스럽다고 했다. 그런데 둘째 아이가 **crawl** ^{기어다니는} 단계를 건너뛰어서 걱정이라고 한다. 곧장 걷는 단계로 가는 아이들은 나중에 책을 잘 못 읽는다는 얘기를 들었기 때문이라고.

He sticks his tongue out all the time.

그 녀석은 계속 혀를 내밀어요.

Now, you are a mother of two children?

이제 당신은 두 아이의 엄마네요.

I'm chasing them all the time! It's a constant workout. That's why I've been able to stay post-pregnancy fit.

온종일 아이들을 쫓아다니고 있어요! 계속 운동을 하는 것 같아요. 덕분에 임신 후에도 이렇게 날씬한 몸매를 유지할 수 있다니까요.

Your second son is less than a year old. How is he doing?

둘째는 아직 한 살도 안됐잖아요. 잘 지내나요?

He sticks his tongue out all the time. Because he's teething… We took family photos yesterday and he just kept sticking his tongue out. It was really bizarre, but cute.

이제 막 이가 나기 시작해서 그런지 그 녀석은 계속 혀를 내밀어요. 어젠 가족사진을 찍었는데 계속해서 혀를 내밀더라고요. 좀 이상하긴 했지만, 그래도 귀여웠어요.

And, I'm a little concerned that he's skipping the crawling stage because I hear that they're not good readers if they don't crawl.

그런데, 둘째가 기어다니는 단계를 건너뛰는 것 같아 좀 걱정이에요. 듣자 하니까 기어다니지 않은 아이들은 (나중에) 책을 잘 못 읽는다고 하더라고요.

Tips & Words

stay fit 건강, 체력을 유지하다 (= stay in shape) **post-pregnancy** 임신 후 **teethe** (아기의) 이가 나다	**bizarre** 이상한, 괴상한 **I'm a little concerned** 좀 걱정이 된다 **crawl** 기어가다

Dialogue

A Hey. How's your new car? Is it a gas-guzzler?
야. 너 새로 산 차 어때? 기름 많이 먹어?

B It's cool but I'm a little concerned about its lack of fuel economy.
끝내줘. 근데 연비가 안 좋아서 좀 걱정이야.

"

소문은 걷잡을 수 없이 퍼져요.

전설적인 영국의 4인조 록그룹 '비틀스(The Beatles)'의 멤버 폴 매카트니가 무려 43년 만에 이스라엘에서 공연을 하게 됐다. 1965년에 젊은 층에게 **negative effect** 부정적인 영향 을 끼칠 것을 염려해 비틀스의 공연을 **ban** 금지 했던 이스라엘 정부가 건국 60주년을 맞아 olive branch 화해 를 청했기 때문이다. 매카트니는 "**conflict** 분쟁 으로 얼룩진 땅에 드디어 평화의 메시지를 전할 수 있게 됐다"며 기뻐했다.

"음악으로 세상을 바꿀 수 있느냐"는 질문을 던지자 그는 "그렇다"고 거침없이 대답하며 레넌이 작곡한 Give Peace A Chance에 대해 언급했다. 리처드 닉슨 대통령 재임 당시 베트남 전쟁에 반대하는 미국 시민들은 **Capitol Hill** 국회의사당 앞에 모여 레넌의 곡을 합창했으며, 이는 사회적으로 큰 **effects** 영향 을 끼쳤다.

Rumors spread like wildfire.

소문은 걷잡을 수 없이 퍼져요.

You've finally been invited by the Israeli government to hold a concert.

이스라엘 정부가 드디어 콘서트를 열기 위해 당신을 초청했네요.

The world knows about the conflicts that have been in that region and I like to think that if I go to a place it becomes evident that my message is a peaceful one.

세상 사람들 모두 그 지역에 있어 온 분쟁을 알고 있죠. 그 곳에 가게 되면 제가 전하려는 것이 '평화의 메시지'라는 게 이제 분명히 드러날 거예요.

Do you think music can change things?

음악으로 (여러가지) 상황들을 바꿀 수 있다고 생각하세요?

I think it can. I always cite a John (Lennon) song Give Peace A Chance. If you watch the footage from back then, about a million people outside the White House chanting that song to Nixon inside the White House. I think that had an effect.

전 바꿀 수 있다고 봐요. 전 항상 레넌이 작곡한 'Give Peace A Chance'를 인용합니다. 그 당시 비디오 자료를 보면 아시겠지만 백만 명 가량의 사람들이 백악관 밖에 모여서 백악관 안에 있는 닉슨 대통령을 향해 다 같이 그 노래를 불렀습니다. 전 그 음악이 영향을 끼쳤다고 생각합니다.

Tips & Words

olive branch 평화의 상징인 비둘기가 '올리브 가지'를 물고 왔다는 데서 유래된 표현으로 '평화, 화해'를 의미합니다.

conflict 충돌, 유혈 사태
It becomes evident ~가 분명해지다
footage 비디오 (영상) 자료
chant 다 같이 외치다

Dialogue

A Did you hear that Ricky is bisexual?
리키가 양성애자라는 얘기 들었어?

B Who told you about that? Rumors spread like wildfire.
그 애기 누가 말해줬어? 역시 소문은 정말 빠르다니까.

섹시한 속옷은 사람들의 일상에 '매혹의 향기'를 살짝 더할 거예요.

'쇼크 록(Shock Rock)'의 대부 마릴린 맨슨의 **ex-wife** 전 부인 이자 세계적인 스트립 댄서 겸 모델인 디타 본 티즈. 티즈는 **her pale complexion** 창백하리만큼 하얀 피부 를 돋보이도록 **make-up** 화장 을 하고 붉은색 립스틱을 즐겨 바르는 것으로 유명하다. 그녀의 독특한 복고풍 패션도 항상 화제가 된다.

서른 중반을 넘긴 나이에도 **provocative** 도발적인 의상으로 섹시한 매력을 풍기는 그녀가 '원더브라(WonderBra)'라는 란제리 컬렉션을 선보였다. 그녀는 애인이 아니라 자기 자신을 위해 예쁜 속옷을 입으라고 충고한다. 또 '원더브라'를 통해 **fascinating lingerie** 매혹적인 속옷 에 대해 자신이 품고 있는 열정을 사람들과 공유하고 싶다고 말했다.

Sexy lingerie will add a touch of glamour to people's everyday lives.

섹시한 속옷은 사람들의 일상에 '매혹의 향기'를 살짝 더할 거예요.

a touch of ~는 '조금의, 약간의'란 뜻으로 '(어떠한) ~기미, 기색이 있다'라는 뜻으로도 풀이할 수 있어요.

Would you tell me about your sexy lingerie collection, WonderBra?

당신의 섹시 속옷 브랜드인 '원더브라'에 대해 말씀해 주시겠어요?

I love it when you can go about your daily business with the knowledge that you have a little secret of your own on underneath.

여러분이 '섹시한 속옷'이라는 작은 비밀을 가지고 일상 업무를 한다고 생각하면 정말 행복해요.

Do you think women should wear sexy lingerie for men?

여성들이 남성을 위해 섹시한 속옷을 입어야 한다고 생각하세요?

Lingerie shouldn't be something you just put on for your lover; you should do it for you.

단지 애인을 위해서 속옷을 입는 게 아니라 여러분 자신을 위해 입으세요.

I really hope that with this new range I can share my passion for sensual, wearable lingerie that will add a touch of glamour to people's everyday lives.

전 정말이지 원더브라 컬렉션을 통해서 사람들에게 관능적이면서도 입기 편한 속옷에 대해 제가 가지고 있는 열정을 나눠주고 싶어요. 그러면 사람들의 일상에 '매혹의 향기'가 살짝 더해질거예요.

Tips & Words

| go about (업무를) 수행하다, (일을) 처리하다 | put on (옷을) 입다 |
| underneath ~ 아래 | wearable 입을 수 있는, 입기에 적합한 |

Dialogue

A I didn't wear thick make-up today. How do I look?
나 오늘 화장 진하게 안 했는데. 어떤 것 같아?

B You look very cute. A touch of shiny gloss on your lips will finish the look nicely.
정말 귀여워. 입술에 반짝거리는 립글로스 조금만 발라주면 예쁘게 마무리될 것 같아.

제가 너무 유명해진 것 같아요.

미국 역사상 최초의 흑인 대통령으로 **intelligent** 지성미, **attractive** 매력적인 외모, **articulate** 탁월한 언변 으로 전 세계인을 사로잡은 버락 오바마. 특히 그는 허를 찌르는 촌철살인 재치와 유머로 입담을 과시하고 있다.

한번은 철없던 시절 마리화나를 피워봤다는 얘기를 하면서 "좀 빨아봤습니다" 라고 얘기해 폭소를 자아냈다. 빌 클린턴 전 대통령이 "마리화나를 피우긴 했는데 **inhale** 흡입 하진 않았다" 라고 말한 것에 빗대어 표현한 것.

오바마는 또 "내가 너무 유명해 패리스 힐튼이 **reclusive** 운둔하는 생활을 하고 있는 것처럼 보일 정도" 라며 자신의 유명세를 힐튼의 유명세와 비교하기도 했다.

부창부수라고 했던가. 미셸 오바마 여사 역시 남편과 가족에 대한 이야기를 맛깔스럽게 들려주곤 한다. 'stinky 냄새 나는 오바마' 의 실체를 세상에 공개한 것도 바로 미셸 여사다.

I am so <u>overexposed</u>. 제가 너무 유명해진 것 같아요.

'노출하다' 란 동사 expose에 '넘치게, 과하게' 란 뜻의 over가 붙어서
'지나치게 노출되다(overexpose)' 란 의미가 됩니다.

Have you ever smoked marijuana?
마리화나를 피워 본적이 있으신가요?

When I was a kid I inhaled frequently, that was the point.
제가 어렸을 때 자주 빨아(흡입해) 봤습니다. 그게 핵심이죠.

Everybody talks about Barak Obama. How do you feel about that?
모든 사람들이 버락 오바마에 대해서 이야기를 합니다. 기분이 어떠세요?

It's like I was shot out of a cannon. I am so overexposed, I make Paris Hilton look like a recluse.
마치 대포로 쏘아 올려진 기분입니다. 제가 너무 유명해진 것 같아요. 패리스 힐튼이 은둔한 것처럼 보이게 만들 정도로요.

Michelle, could you tell me about Barak Obama at home?
오바마가 집에선 어떤가요?

He is too snore-y and stinky, they (daughters) don't want ever to get in the bed with him but we cuddle up and we talk.
남편이 코를 심하게 골고, 냄새가 너무 나서 아이들이 아빠가 침대에 있으면 옆에 가는 걸 질색하죠. 그래도 뭐 서로 안아주고 얘기도 한답니다.

Tips & Words

That's the point. '그게 바로 핵심이다' 란 뜻. 비슷한 표현으로 '못의 머리 부분을 정확하게 내려치다' 에서 유래돼 '정곡을 찌르다' 란 의미로 사용되는 'hit the nail on the head'가 있습니다.

recluse 은둔자
snore 코를 골다
stinky 냄새가 지독하게 나는
cuddle 서로 껴안다, 포옹하다

Dialogue

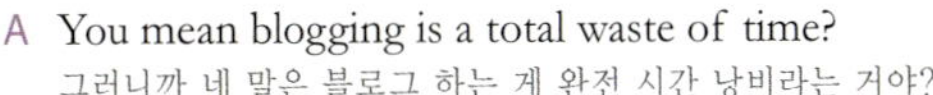

A You mean blogging is a total waste of time?
그러니까 네 말은 블로그 하는 게 완전 시간 낭비라는 거야?

B That's the point. You hit the nail on the head.
바로 그거야. 핵심을 딱 짚었네.

한국은 신종 독감 발병에 대비가 되어 있다.

그녀는 평범한 학생이 아니야.

혹시 그 사람 이름 알아요?

우리는 잘 통해요.

외모는 언젠간 사라지기 마련이야.

혀 내밀지 마.

역시 소문이 정말 빨라.

계란에 소금 조금만 뿌려주세요.

그녀는 노출이 너무 심해.

자신 있게 말해 볼까?

diplomatic relations
외교 관계

'외교를 수립하다, 형성하다'는 establish diplomatic relations 라고 표현합니다. 반대로 '외교 관계를 단절하다'는 break diplomatic ties라고 합니다. '관계(relations, ties)'는 다른 나라와 함께 형성하는 것이기 때문에 복수형으로 사용합니다.

The two countries established diplomatic relations 50 years ago.
양국은 50년 전에 외교 관계를 수립했다.

boost the economy
경기를 부양하다

'밀어 올리다'란 뜻의 동사 boost를 사용해 boost the economy 라고 말하면 '경기를 부양하다'란 의미가 됩니다. '자극하다, 활기를 띠게 하다'란 동사 stimulate를 사용해 stimulate the economy라고 표현할 수도 있습니다.

It was the wrong way to boost the economy.
그건 경기를 부양하기 위해 잘못 선택한 방법이었다.

curfew
통행금지

대규모 시위, 유혈 사태가 발생한 상황에서 정부는 통행 금지령을 내리곤 합니다. 이럴 때 사용하는 표현이 impose a curfew(통행금지령을 내리다) 입니다. 금지령을 해제할 때는 동사 lift를 사용해서 lift a curfew라고 합니다.

A night-time curfew has been imposed in the city.
도시에 야간 통행금지령이 내려졌다.

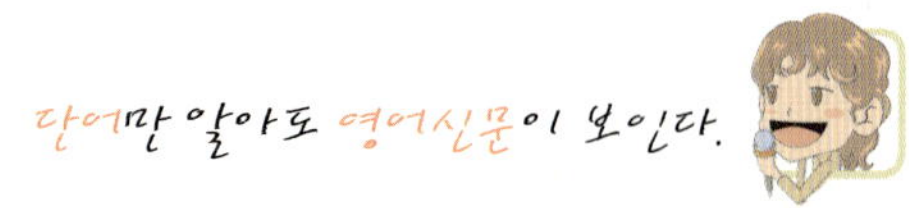

recession
경기 후퇴

recession은 '경기 후퇴'를 의미합니다. 미국의 Sub Prime Morgage(비우량 주택담보대출)로 초래된 세계적인 금융 위기 상황에서 이 단어가 자주 등장했습니다. 또한 recession(경기 후퇴)이 계속돼 상황이 더욱 악화되면 depression(불황)이 됩니다.

The recession has worsened the unemployment rate.
경기 침체로 실업률이 더욱 악화됐다.

tax break
세제 혜택

세금 신고, 감세, 탈세 등의 표현들을 신문에서 자주 접하게 됩니다. 우선 '세금을 신고하다'는 file a tax return이라고 합니다. '세금 감면(경감)'은 tax cut[relief]라고 표현하고 이런 세제 상의 혜택을 tax break[benefit]이라고 말합니다. '탈세'는 세금을 '회피하다'란 뜻으로 tax evasion이라고 표현합니다.

Some cities offer tax breaks to small-business investors.
일부 도시에서는 중소기업 투자자들에게 세제 혜택을 제공한다.

custody
양육권

'보호, 관리'의 뜻을 가지고 있는 단어 custody는 '자녀 양육권'이란 의미로도 사용됩니다. 이혼 소송 관련 뉴스에서 자주 접할 수 있습니다. 또 take someone into custody는 '~ 를 구금하다, 수감하다'란 뜻입니다.

Jane is planning a custody battle over her two children.
제인은 두 자녀에 대한 양육권 싸움을 벌일 계획이다.

Part

02

슬픔을 간직한 스타들

John Prescott

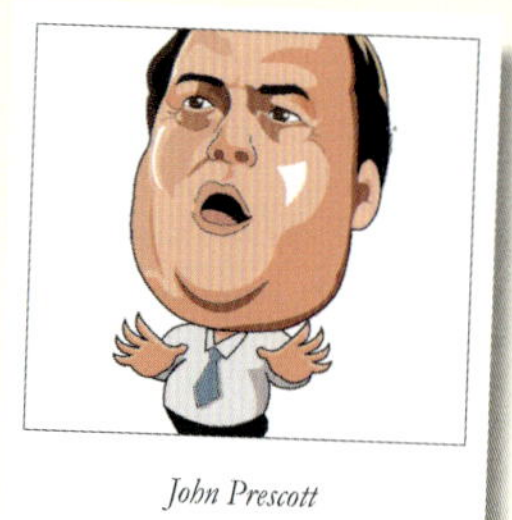

Jennifer Aniston

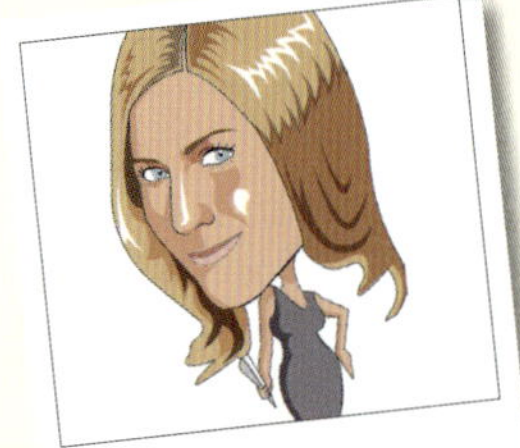

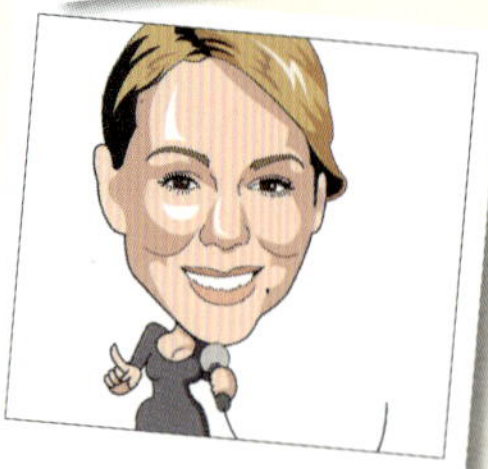

Mariah Carey

| '사랑과 영혼' 하늘로…

Patrick Swayze

영화 〈사랑과 영혼〉 〈더티 댄싱〉으로 많은 사랑을 받았던 배우 패트릭 스웨이지(57)가 팬들 곁을 영원히 떠났다.
2008년 췌장암 선고를 받고 그 동안 투병해온 스웨이지는 건강 회복에 대한 확고한 의지를 다지며 희망을 포기하지 않았지만 끝내 숨졌다.
그는 병마와 싸우면서도 TV 드라마에 출연, 남다른 연기 열정을 불태우기도 했다.

| 아들 잃은 슬픔

John Travolta

할리우드 톱스타 존 트라볼타는 불의의 사고로 아들 제트(16세)를 떠나 보냈다. 어릴 때 희귀 심장질환인 가와사키병으로 진단받고 투병해오던 제트는 가족과 함께 휴가를 보내던 중 갑작스럽게 발작을 일으켜 사망했다.

| 에이즈 퇴치 홍보대사

수퍼모델 출신의 화려한 퍼스트 레이디로 전 세계 언론의 집중 조명을 받는 니콜라 사르코지 프랑스 대통령의 부인 카를라 브루니. 그녀의 오빠가 에이즈에 걸려 2006년 46세의 나이로 요절했다. 오빠의 죽음을 계기로 에이즈 문제에 관심을 갖게 된 브루니 여사는 현재 에이즈 퇴치 친선 홍보대사로 맹활약하고 있다.

Carla Bruni

| 사랑과 배신

영화 〈악마는 프라다를 입는다〉의 주인공 앤 해서웨이는 4년간 교제한 사기꾼 남자친구 라파엘로 폴리에리와 결별했다. 해서웨이는 이탈리아 출신 사업가 폴리에리가 돈세탁 및 사기 혐의로 체포되는 모습을 지켜보며 가슴을 쓸어내렸다. 그녀는 교제 기간 중 폴리에리에게 수백만 달러를 사업자금으로 빌려준 것으로 밝혀졌다.

Anne Hathaway

너무 긴장돼요.

지난 2006년 브랜디가 타고 있던 차와 한 여성의 차량이 highway ^{고속도로} 에서 crash ^{충돌} 했다. 브랜디는 무사했지만 상대편 여성은 목숨을 잃었다. 이에 피해 여성의 가족들은 브랜디 측의 과실을 주장하며 file a lawsuit ^{소송을 제기했다}. 이 사건으로 2년간 은둔 생활을 해오던 팝스타 브랜디가 드디어 말문을 열었다.

그녀는 "다른 사람이 목숨을 잃었는데 나만 살아있다는 사실 때문에 힘들었다" 며 "몇 달 동안 집에만 틀어박혀 있었다"고 했다. 또 "제멋대로 떠드는 사람들 때문에 마음에 큰 상처를 입었다"며 She burst into tears ^{울음을 터뜨렸다}.

그래도 힘든 순간 브랜디를 다시 일으켜 세운 건 다름아닌 '음악'이었다. 그녀는 음반 작업을 하러 녹음실로 돌아오자 The butterflies went away ^{초조한 한 마음이 눈 녹듯 사라졌다} 고 말했다.

I have butterflies in my stomach.

너무 긴장돼요.

~ have butterflies in one's stomach는 nervous, jittery와 함께 '안절부절 못하다, 초조하다'란 뜻으로 쓰입니다. 마치 나비가 뱃속에서 푸득푸득 날아다니는 듯 속이 울렁거리고, 불안한 느낌을 나타내는 표현입니다.

 We haven't seen you for a long time. How have you been doing?

오랫동안 뵐 수가 없었는데, 그 동안 어떻게 지내셨어요?

 There was a point when I didn't feel like it was OK to live on because someone else lost their life. I didn't really know what to do.

다른 사람은 목숨을 잃었는데 저는 계속 살아있다는 게 괜찮치가 않았어요. 정말 어떻게 해야 할지를 모르겠더라고요.

 How did you get over the ordeal of the car accident?

교통사고로 인한 고통을 어떻게 극복하셨나요?

 What I experienced in the past couple of years was tough, but I had to face it and find the strength to move forward. Connecting back with music has definitely helped me through everything. Once I got back in the studio, the butterflies went away.

지난 2년 동안 정말 힘든 시간을 보냈어요. 하지만 당당하게 맞서서 다시 앞으로 나갈 수 있는 힘을 찾아야 했어요. 그래도 다시 음악을 시작한 게 정말 여러모로 큰 도움이 됐어요. 녹음실로 돌아오자마자 초조한 마음이 전부 사라졌으니까요.

Tips & Words

there is a point when~ '~시기[때]가 있다'란 의미이며, point 대신에 time을 사용할 수도 있습니다.

get over 극복하다
face 정면으로 대하다, 직면하다

Dialogue

A Your presentation was perfect.
발표 정말 완벽했어.

B Thanks. But, my stomach was full of butterflies.
고마워. 그런데, 긴장돼서 죽는 줄 알았어.

가슴이 미어지는 것 같아요.

"내가 원래 〈시카고〉 주인공."

영화배우 존 트라볼타는 "지금까지 출연 제의를 받았지만 turn down ^{거절} 했던 영화 중 가장 regret ^{후회} 되는 역할(작품)은?"이란 질문에 〈시카고〉라고 대답했다. 트라볼타는 "영화에 남자를 싫어하는 여자들이 너무 많아서 거절했다"며 우스갯소리를 했다. 하지만 "내 덕분에 리처드 기어는 좋은 career ^{이력} 을 쌓을 수 있는 기회를 얻었다"며 너스레를 떨었다.

한편 트라볼타 부부는 2009년 1월 사랑하는 아들 제트(16세)를 잃어 슬픈 마음을 감추지 못했다. 가족과 함께 휴가를 보내고 있던 제트는 seizure ^{발작 증세} 를 보이다 욕조에 머리를 부딪혀 갑작스레 사망한 것으로 전해졌다. 부부는 "아들과 함께한 시간이 너무 짧아 가슴이 미어진다"며 memorial service ^{추도식} 을 통해 애끊는 심경을 전했다.

We are <u>heartbroken</u>. 가슴이 미어지는 것 같아요.

heartbroken은 말 그대로 '가슴이(heart) 찢어지는 듯(broken) 아픈' 이란 뜻입니다. 비슷한 표현으로는 heart-wrenching이 있습니다.

Which parts do you most regret turning down?

지금까지 거절했던 작품 중 가장 후회되는 역할은 어떤 건가요?

Chicago probably. It was a lot of women who hated men and I like women who like men. But I gave Richard Gere a career! What you turn down can be a gift to someone else.

〈시카고〉인 것 같습니다. 그 영화는 남자를 혐오하는 여자들이 너무 많았어요. 저는 남자를 좋아하는 여자를 좋아하는데 말이죠. 하지만 리처드 기어는 제 덕분에 좋은 이력을 쌓을 수 있게 됐죠. 제가 거절한 것이 다른 사람에겐 선물이 될 수 있는 것 같습니다.

I am sorry to hear about your son Jeff.

아드님(제프) 소식은 정말 유감입니다.

We are heartbroken that our time with him was so brief. Jett was the most wonderful son that two parents could ever ask for and lit up the lives of everyone he encountered.

아들과 함께한 시간이 너무 짧아서 가슴이 미어지는 것 같습니다. 제트는 우리 부부에게 최고의 아들이었고, 그가 만난 모든 사람들의 삶을 밝게 비추었습니다.

Tips & Words

turn down '거절하다'란 뜻으로 본문에서처럼 제안 등을 거절할 때 또는 사람에게 거절 당한 경우에 사용됩니다.
She turned me down. '나 그 여자한테 차였어.'
(= She dumped me.)

brief 짧은

light up 밝게 하다

encounter 만나다, 마주치다

Dialogue

A Obama has offered Jane the job.
오바마가 제인한테 그 자리(직책)를 제안했어.

B Yes, but she turned it down because of health problems.
응, 그런데 건강 문제 때문에 거절했대.

제니퍼 애니스턴은 '양치기 소년'?

"저 임신 안 했거든요."

할리우드 톱스타 제니퍼 애니스턴이 끊임없이 쏟아지는 pregnancy rumor 임신설 을 정면으로 반박하고 나섰다. 애니스턴은 "언론의 추측성 보도로 동화 속 the boy who cried wolf 양치기 소년 과 같은 신세가 되어버렸다"며 불편한 심기를 드러 냈다.

그래도 "나중에 꼭 엄마가 되고 싶다"며 영화 〈말리와 나〉에서 엄마 역할을 미 리 해볼 수 있어서 좋았다고 말했다. 영화에 함께 출연한 오웬 윌슨과의 호흡은 어땠냐고 묻자 "윌슨은 정말 재미있고 sweet 자상한 사람"이라며 칭찬을 아끼지 않았다.

It's the boy who cried wolf?

제니퍼 애니스턴은 '양치기 소년'?

People keep saying Jennifer Aniston is pregnant.
제니퍼 애니스턴 임신설이 자꾸 나오는데요

Oh, my God, it's hysterical! It's almost going to take away the fun from actually being able to say one day, "I'm pregnant!" Everyone will be like, "Yeah, right.' It's the boy who cried wolf Aniston."

정말이지, 아주 신경질 나요. 진짜 임신을 했을 때 사실을 알리고, 축하받을 수 있는 기쁨을 빼앗긴 거나 다름없어요. 나중에 "저 임신했어요"라고 하면 사람들이 전부 '그래, 그렇겠지', 양치기 소년 애니스턴, 이라고 할 거 아니에요.

How did you feel about playing a mother in the movie?
영화에서 엄마 역할을 맡은 건 어땠어요?

Playing a mother in the film was a welcome challenge. I'm on the verge of it in some way or it's something I long for. So it was great to sort of dip your toe in it.

영화에서 엄마 역할을 맡은 건 정말 좋은 경험이었어요. 저도 곧 엄마가 될 거고 또 꼭 되고 싶기도 하고요. 이번 기회에 '연습'을 한번 해 볼 수 있어서 정말 좋았던 것 같아요.

Tips & Words

on the verge of ~하기 직전에
long for ~를 간절히 바라다

dip one's toe 욕조에 뜨거운 물을 받은 후 발을 살짝 담가 온도가 적당한지 알아보는 상황을 떠올려 보세요. 이런 느낌으로 새로운 분야에 조심스럽게 '발을 담그다', '한번 시도해 보다'란 뜻으로 사용하죠.

Dialogue

A I'm going to work as an intern for the bank.
그 은행에서 인턴으로 일하게 됐어.

B Good for you. It will be a great opportunity to dip your toe in it.
잘됐다. 그 분야를 경험할 수 있는 좋은 기회인 것 같아.

브루니는 에이즈 친선 홍보 대사!

니콜라 사르코지 프랑스 대통령과 결혼한 supermodel-turned singer ^{슈퍼모델 출신} ^{가수} 카를라 브루니 여사가 에이즈 퇴치에 나선다.

브루니 여사는 '에이즈·결핵·말라리아 퇴치를 위한 국제기금'의 goodwill ambassador ^{친선 홍보 대사} 로 임명된 뒤 기자 회견을 통해 "전 세계를 돌며 에이즈 환자들을 직접 만날 계획"이라고 밝혔다.

그녀는 "2년 전 오빠가 에이즈로 목숨을 잃었기 때문에 이 문제에 각별한 관심을 갖게 됐다"며 에이즈 문제에 대한 사람들의 관심을 촉구했다.

또한 "에이즈는 세계적으로 확산되고 있는 pandemic ^{전염병} 이며 우리가 이러한 사실을 잊고 사는 경향이 있는데 사망자 수를 살펴보면 정말 엄청나다"고 덧붙였다. 전 세계적으로 에이즈 감염 환자는 약 3300만 명으로 추산된다.

Bruni is a goodwill ambassador of AIDS!

브루니는 에이즈 친선 홍보 대사!

What are you planning to do as the goodwill ambassador?

홍보대사로 어떤 일들을 하실 계획이세요?

I can put all of the media coverage directed toward me to the service of a useful cause. I will make myself available to all those who are working on the ground with the global fund and who ask for my help.

저에 관한 언론 보도를 좋은 목적을 위해 활용할 수 있도록 하겠습니다. 또 국제기금과 관련해 현장에서 일하시는 분들, 또 제 도움을 필요로 하시는 분들 위해 직접 나설 생각입니다.

I heard that your brother died of AIDS.

오빠가 에이즈 때문에 사망했다고 들었는데요.

Because of my brother, of course I am very sensitive to the issue of AIDS. This is a pandemic. We tend to forget, we are used to it. But look at the figures. It's staggering.

오빠 때문에 제가 에이즈 문제에 남다른 관심을 가지게 된 것은 사실입니다. 에이즈는 전염병입니다. 우리는 에이즈 문제에 너무 익숙해져서 종종 잊고 지내는 경향이 있습니다. 하지만 사망자 숫자를 보시면 정말이지 엄청납니다.

Tips & Words

supermodel-turned singer 슈퍼모델 출신 가수 '돌다'란 뜻을 가진 단어 turn을 사용해서 모델 일을 하다가 가수로 '돌아선' 브루니 여사를 supermodel-turned singer (슈퍼모델 출신 가수)라고 표현할 수 있습니다. 비슷한 예로 영화배우에서 미국 캘리포니아 주지사로 거듭난 아널드 슈워제네거는 actor-turned governor (배우 출신 주지사)라고 표현하죠.

media coverage 언론 보도
be used to ~에 익숙하다 (to뒤에는 명사나 동명사가 위치)
staggering 놀라운, 압도적인

Dialogue

A Sophia has been appointed a goodwill ambassador on human trafficking by the United Nations.
소피아가 UN 인신매매 친선 홍보 대사로 임명됐어.

B Yes, Sophia is the right person. Throughout her life, she has fought against the sexual exploitation of children.
그래, 소피아가 적임자지. 평생을 아동 성 착취 문제를 해결하기 위해 싸워왔잖아.

우린 공통점이 참 많아요.

<내일을 향해 쏴라>의 명배우 폴 뉴먼이 83세의 일기로 세상을 떠났다. 뉴먼의 동료이자 longtime friend (오랜 친구) 인 로버트 레드퍼드는 어느 인터뷰를 통해 절친한 친구를 떠나 보낸 안타까운 심경을 전하며, 그와의 close relationship (돈독한 우정) 에 대해 이야기했다.

뉴먼이 있어 세상살이가 더 살맛 났다는 레드퍼드. 그는 "함께 영화를 찍으면서 similarities (비슷한 점) 을 많이 발견하게 됐고, 시간이 흐를수록 서로 닮아가는 것 같았다"고 말했다.

We have a lot in common.

우린 공통점이 참 많아요.

Any thoughts that come to your mind about your friend, Paul Newman?

친구분이신 폴 뉴먼에 대해 어떤 생각들이 떠오르세요?

There are a lot of things that come into my mind. Once the film started, once we went forward, we then discovered other similarities that just multiplied over time, a common ground that we both had between us, interests and so forth.

많은 생각들이 떠오르네요. 일단 영화가 시작되고 촬영이 진행되면서 우리 둘은 시간이 흐를수록 서로 비슷한 점이 더욱 많아진다는 사실을 알게 됐어요. 서로의 관심사를 비롯해서 우리 둘 사이의 공통점이랄까요.

What kind of common ground do you have with Paul?

폴과 어떤 공통점을 가지고 있으신 건가요?

Obviously, Paul was socially responsible. He was very generous, and he had a lot of integrity and all those qualities were pretty fierce, and I liked that.

폴은 정말로 사회적 책임감이 강한 사람이었습니다. 그는 마음이 넓고 정직하고 성실한 사람이었습니다. 그리고 그런 좋은 자질을 몸소 실천하는 사람이었는데 전 그런 점이 좋았습니다.

Tips & Words

multiply 늘다, 증가하다	integrity 정직, 성실
common ground 공통점	fierce 강력한, 격렬한

Dialogue

A I like action movies.
난 액션 영화를 좋아해.

B So do I. We have a lot in common.
나도 그래. 우린 정말 공통점이 많은 것 같아.

정말 끔찍했어요.

〈I believe I can fly〉란 노래로 유명한 미국의 R&B 스타 R. 켈리가 '아동 포르노 비디오 사건'에 대해 **acquittal** ^{무죄 판결} 을 받은 이후, 처음으로 인터뷰에 응했다. 켈리는 **underage** ^{미성년자} 와 성관계를 가졌다는 의혹을 불러일으킨 '섹스 비디오' 파문에 휩싸여 7년간 소송을 벌인 끝에 **charge** ^{혐의} 를 벗을 수 있었다. 과거 10대 가수와 결혼한 이력이 있는 켈리. 모처럼 말문을 연 그에게 취재진은 "혹시 10대 소녀를 좋아하는 건 아니냐"고 물었다.

그러자 그는 "어떤 10대를 말하는 것이냐? 19세 친구들은 몇 명 있지만 미성년자는 절대 사양"이라며 딱 잘라 말했다. 켈리는 또한 "소송이 진행된 7년간의 시간은 **It was like hell** ^{끔찍했다} "며 "정말 많은 것을 잃었다"고 이야기했다.

It was like hell. 정말 끔찍했어요.

Do you like teenage girls?
혹시 십대 소녀들을 좋아하시나요?

I have some 19-year-old friends. But I don't like anybody illegal, if that's what we're talking about, underage. To be honest, I felt like I was in jail the last seven years. A lot was taken away from me. It was hell.
열아홉 살인 친구들은 몇 명 있어요. 하지만 미성년자를 말씀하시는 거라면, 절대 사양입니다. 솔직하게 말씀드리면, 지난 7년 동안은 감옥에 갇혀 있는 기분이었습니다. 또한 많은 것들을 잃었습니다. 정말로 끔찍했습니다.

What did the people who threatened you demand of you?
협박했던 사람들이 당신에게 무엇을 요구했습니까?

When you're me, when you're R. Kelly, everybody wants a piece of you, and if you don't give them a piece they'll find a way to get a piece of you one way or the other.
제 입장이 되어보시면…… 만약 당신이 알 켈리 라면 아마 모든 사람들이 당신한테 돈을 달라고 달려들 겁니다. 그런데 당신이 주지 않으면 사람들은 어떻게 해서든 돈을 손에 넣기 위한 방법을 찾아낼 겁니다.

Tips & Words

| underage 미성년자
| threaten 협박하다
| demand A of B B에게 A를 요구하다

| one way or the other 어떻게 해서든

'이쪽 아니면 저쪽으로' 란 뜻으로 가능한 모든 수단 방법을 동원해 '어떻게 해서든' 목적을 이루고자 하는 상황에서 사용하죠. 본문에선 어떻게 해서든 R. 켈리에게 돈을 뜯어내려고 악착같이 덤비는 사람들을 설명하기 위해 사용됐습니다.

Dialogue

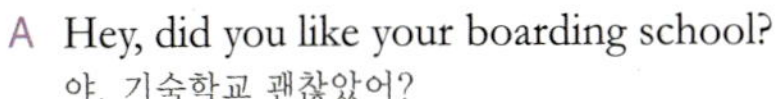

A Hey, did you like your boarding school?
야, 기숙학교 괜찮았어?

B What? My days in boarding school were hellish.
뭐라고? 학교에서 보내는 하루하루가 완전 끔찍했어.

헤어진 제 남자친구는 사기꾼이었어요!

con artist ^{사기꾼} 애인과 헤어진 앤 해서웨이가 굳게 다물고 있던 입을 열었다. 해서웨이는 이탈리아 사업가 출신 남자친구 때문에 그 동안 가슴이 미어지는 듯한 ordeal ^{고통} 을 이겨내야 했다.

그녀는 아버지의 반대에도 불구하고 love at first sight ^{첫눈에 반한} 라파엘로 폴리에리와 4년간 교제하며 헌신적인 사랑을 쏟았다. 뿐만 아니라 해서웨이는 남자친구에게 사업자금과 아파트 렌트비 등으로 수백만 달러의 돈을 쏟아 부은 것으로 알려졌다.

하지만 폴리에리가 사기, money laundering ^{돈세탁} 등의 혐의로 구속될 것이란 사실을 듣고 그녀는 결국 이별을 선언했다. 해서웨이는 "충격에 휩싸인 채 일주일을 보냈지만, 그래도 친구들이 곁에서 따뜻하게 챙겨줘 금세 훌훌 털고 일어날 수 있었다"고 말했다.

My ex-boyfriend was a con artist!

헤어진 제 남자친구는 사기꾼이었어요!

Your boy friend was arrested.

남자친구가 체포됐습니다.

As soon as I found out about the arrest, I had to get on a plane to Mexico to do a press tour. And then I spent a week in shock at a friend's house.

체포 소식을 들었을 때 전 프레스 투어 언론 초청 홍보 행사 때문에 비행기를 타고 멕시코로 가야 했어요. 그리고 나서 친구 집에서 일주일간 지냈는데 그야말로 충격 속에서 보냈죠.

How did you get over the ordeal?

힘들었던 시기를 어떻게 극복하셨나요?

It's a situation where the rug was pulled out from under me all of a sudden, but just as suddenly my friends threw another rug back under me. I've been shown such kindness. A lot of people go through tough times alone.

제가 한순간에 나락으로 떨어져 쓰러진 그 순간에 친구들이 나타나 절 살려준 거죠. 친구들의 따뜻한 배려를 느낄 수 있었어요. 많은 사람들은 이런 힘든 시기를 홀로 이겨내야 하는데 말이죠.

Tips & Words

pull the rug out from under~

'곤란한 상황에 처하다. ~에 대한 지원을 중단하다'란 뜻으로 사용하는 표현입니다. 카펫 위에 서 있는데 갑자기 누가 카펫을 잡아 당겨서 나를 넘어트린 형국이죠. 뒤에 나온 throw another rug back under~는 반대로 위기상황에서 구해주다라는 의미로 사용됐습니다.

go through 극복하다

Dialogue

A Why did John's mother stop giving him an allowance?

존의 어머니께서 왜 (그에게) 용돈을 그만 주시겠다는 거야?

B She pulled the rug out from under him in order to force him to look for a job.

존에게 용돈을 안 줘서 일자리를 찾도록 만드시겠다는 거지.

긴장돼서 죽는 줄 알았어.

여자친구와 헤어지고 나서 아직도 가슴이 아파.

그는 거짓말쟁이야.

그녀는 UN 홍보 대사에 임명됐어.

우린 공통점이 참 많은 것 같아.

정말 끔찍했어.

그녀는 순 거짓말쟁이 사기꾼이야.

temporary worker
임시직 근로자

정규직 근로자는 full-time worker 임시직, 비 정규직 근로자는 temporary worker라고 표현합니다. 또 계약직 근로자는 contract worker 그리고 흔히 말하는 아르바이트는 part-time job 입니다.

About 300 temporary workers have lost their jobs.
300명 가량의 임시직 근로자들이 직장을 잃었다.

accounting fraud
분식 회계

분식 회계(accounting fraud) 는 '분을 곱게 발라 회계 장부를 꾸미다'란 뜻으로 회계 장부의 내용을 실제보다 좋게 보이도록 거짓으로 꾸미는 일을 말합니다. 회계를 뜻하는 단어 accounting과 사기를 뜻하는 단어 fraud가 사용됐습니다.

He is serving 20 years for accounting fraud.
그는 분식 회계로 징역 20년 형을 선고 받고 복역 중이다

plastic surgery
성형 수술

성형 수술은 plastic surgery라고 합니다. 미용 성형이란 뜻으로 cosmetic surgery란 표현도 사용합니다. 눈꺼풀(eyelid)을 하나 더 그려주는 '쌍꺼풀 성형'은 double-eyelid surgery, 지방 흡입은 liposuction이라고 합니다.

Some people see plastic surgery as an investment.
어떤 사람들은 성형 수술을 투자라고 생각한다.

obese
비만인

'뚱뚱한'이란 뜻으로 가장 많이 사용하는 일반적인 단어는 fat입니다. 비슷한 단어 obese는 '비만인, 비대한'이란 뜻으로 사용합니다. '살집이 좀 있는, 통통한'이라고 말할 때는 chubby와 plump를 사용합니다. 반대로 '날씬한, 호리호리한' 몸매를 표현할 때는 slim 또는 slender를 사용합니다.

People who bike to work are less likely to be obese.
자전거를 타고 출근하는 사람들은 비만이 될 확률이 낮다.

go on strike
파업하다

rally는 대규모의 '대중 모임'이나 '시위, 집회'를 의미하는데 주로 '가두 시위'를 말합니다. 노사간 갈등으로 인해 '집회를 열다', '파업하다'라는 이야기를 할 때는 go on strike라고 표현합니다. 또 '불침번'이란 뜻을 가지고 있는 vigil은 '철야 농성'이나 '촛불 집회' 등을 표현할 때 사용합니다.

Some 300 contract workers went on strike to protest against unpaid wages.
약 300명의 계약직 근로자들이 체불 임금 지급을 요구하며 항의 시위를 벌였다.

abortion
낙태

낙태(abortion), 안락사(euthanasia) 등은 미국에서 사회적으로 크게 논란이 되는 주제입니다. 특히 낙태의 경우 여성의 선택이 중요하냐 태아의 생명이 더 소중하냐를 두고 찬반 양론이 팽팽하게 맞서고 있습니다. '낙태 찬성론자'들은 여성의 선택을 존중한다는 의미에서 pro-choice, '반대론자'들은 태아의 생명을 더 소중하게 여긴 다는 뜻으로 pro-life를 외칩니다.

The late-term abortion doctor has been shot and killed at a church.
말기 낙태를 실시하던 그 의사는 교회에서 총에 맞아 숨졌다.

J.K. 롤링은 세상에서 돈을 가장 많이 버는 작가!

세계에서 가장 돈을 많이 버는 **author** 작가 는 누구일까?

경제 전문지 〈포브스〉에 따르면 **world-renowned** 세계적인 명성을 자랑하는 작가들의 수입 규모를 조사한 결과 J.K. 롤링이 쟁쟁한 베스트셀러 작가들을 모두 제치고 당당히 1위를 차지했다.

그녀가 인세로 벌어들인 수익은 무려 3400억 원이며 영화 제작에 따른 저작권 수익 또한 **astronomical figure** 천문학적인 수치 로 알려져 있다. 롤링의 현재 재산은 1조 원이 넘는 것으로 추산된다.

그녀를 **millionaire** 거부 의 반열에 올려놓은 명품 판타지 소설 〈해리포터〉시리즈. 이런 명품에 **fake** 짝퉁 이 따라붙는 건 어찌 보면 당연지사. 미국에선 한 해리포터 팬사이트 운영자가 〈해리포터 백과사전〉을 펴내 **legal battle** 법정 공방 으로까지 이어졌다.

결과는 롤링의 승리. 뉴욕연방지법 판사는 "**encyclopedia** 백과사전 이 원작자에게 회복할 수 없는 피해를 줄 수 있다"며 그녀의 손을 들어줬다.

J.K. Rowling is the richest author on the planet!

J.K. 롤링은 세상에서 돈을 가장 많이 버는 작가!

on the planet은 '지구상에서' 란 뜻으로 '전 세계에서(in the world)'와 같은 뜻입니다.

How did you feel about winning this case?

이번 재판에서 승소하셨는데 기분이 어떠세요?

I took no pleasure at all in bringing legal action and am delighted that this issue has been resolved favorably. I went to court to uphold the right of authors everywhere to protect their own original work. The court has upheld that right.

이번 사안이 법정 공방으로 치달은 것은 유감이지만 승소해서 기쁩니다. 저는 전 세계 모든 작가들이 원작에 대해 가지고 있는 권리를 지키기 위해 법정에 섰습니다. 그리고 법원이 그 권리를 지켜줬습니다.

What do you think is the biggest problem with The Lexicon?

해리포터 백과사전(렉시콘)의 가장 큰 문제점은 뭐라고 생각하세요?

The proposed book took an enormous amount of my work and added virtually no original commentary of its own. Now the court has ordered that it must not be published.

'해리포터 백과사전' 은 제 책의 상당 부분을 발췌해서 사용했고 그 책에는 실제로 독창적인 내용이 추가되지 않았습니다. 법원의 명령에 따라 이제 그 책은 출판될 수 없습니다.

Tips & Words

case (소송) 사건	**virtually** 사실상
favorably 호의적으로, 유리하게	**commentary** 주석, 설명
uphold 받치다, 유지하다, 지탱하다	**copycat** 모방자

Dialogue

A J.K. Rowling has easily won her court battle with the Harry Potter copycat.

J.K. 롤링이 해리포터 모방꾼과의 소송에서 쉽게 이겼어.

B Yeah. I think some kind of magic worked for her.

응, 내 생각엔 꼭 그녀를 위한 마법의 힘 같은 게 작용한 것 같아.

'철의 여인'의
기억이 사라지기 시작했어요.

Iron Lady ^{철의 여인} 마거릿 대처(82세) 전 영국 총리가 치매로 힘겹게 투병 중이라고 딸 캐럴 대처가 memoir ^{회고록} 을 통해 공개했다.

캐럴은 2000년 어느 날 점심을 먹던 중, 평소 완벽에 가까운 어머니의 memory ^{기억력} 이 점점 떨어지고 있다는 사실을 처음 알게 됐다고 말했다.

그녀는 국제 정세와 역사적인 사건을 꿰뚫고 계시던 어머니가 갑자기 여러 가지 사건들을 섞어서 이야기 하고, 말할 때 힘겨워하는 모습을 보면서 정말 놀랐다고 전했다.

캐럴은 당시 어머니가 75세였지만 평소 나이와 timeless ^{시간을 뛰어넘은} '철의 여인'으로 한 치의 흐트러진 모습도 보인 적이 없기에, 그날 일은 정말 shocking ^{충격적인} 사건이었다고 밝혔다.

The iron lady started losing her memory.

'철의 여인'의 기억이 사라지기 시작했어요.

'철의 여인(Iron lady)'은 강철(iron)같이 강한 여성을 말합니다. 참고로, 냉전시대 구 소련과 서방 세계를 갈라놓았던 '철의 장막'은 iron curtain이라고 합니다.

When did you first find out that your mother was losing her memory?

어머니께서 기억을 잃고 계시다는 걸 언제 처음 발견하셨나요?

She was in her 75th year but I had always thought of her as ageless, timeless and 100% cast-iron. Whereas previously you would never have had to say anything to her twice, because she'd already filed it away in her formidable memory bank.

어머니께서 75세 되시던 해였어요. 하지만 제 기억 속의 어머니는 나이와 시간을 초월해서 언제나 한 치의 흐트러짐도 없는 완벽한 '철의 여인'이셨죠. 예전엔 어떤 이야기든 어머니께 두 번씩 말할 필요가 없었어요. 어머니 머릿속의 강력한 '기억 창고'에 이미 차곡차곡 정리해서 두셨을 테니까요.

Is your mother having a tough time in daily life?

어머니께서 일상 생활을 하시는 데도 어려움이 많으신가요?

Much of my mother's daily life was affected. Timing became a particular concern.

어머니의 일상 생활에 상당한 타격이 됐어요. 특히 시간 개념에 문제가 생겼어요.

Tips & Words

lose one's memory 기억력을 잃다	cast-iron 강건한
ageless 늙지 않는, 영원한	formidable 방대한, 강력한
timeless 시간을 초월한	concern 걱정, 염려

Dialogue

A My grandmother has been struggling with dementia.
할머니께서 치매에 걸리셨어.

B I am sorry to hear that. Is she losing her memory?
정말 안됐다. 기억력이 점점 안 좋아지셔?

이건 정말 극단적인
성차별의 산물이죠.

미녀 배우 스칼렛 조핸슨. 버락 오바마와 주고 받은 이메일이 언론에 공개돼 구설에 오르자 너무 억울하다며 울분을 토했다. 평소 오바마의 **enthusiastic sup-porter** 열성적인 지지자 로 알려진 그녀는 오바마에게 적극적인 지지 의사를 표명하는 메일을 보냈다가 '이메일 스캔들'에 휩싸였다.

그러자 조지 클루니와 같은 남성 지지자였다면 문제 되지 않았을 일이며 이런 상황은 **extreme sexism** 극단적인 성차별 의 산물이라고 항변했다.

한편 스칼렛 조핸슨의 쌍둥이 남동생인 헌터 조핸슨 역시 오바마의 지지자로 알려졌다. 조핸슨 남매는 오바마의 백악관 입성을 돕기 위해 물심양면으로 지원을 아끼지 않았다고 한다. 헌터는 누나 못지 않은 매력의 소유자로 미국 연예주간지 〈피플〉에 'hot bachelor' 섹시한 미혼남'으로 선정되기도 했다.

This is a product of extreme sexism.

이건 정말 극단적인 성차별의 산물이죠.

피부 색깔이 다르다고 차별하면 racism(인종차별), 성별이 다르다고 여성을 차별하면 sexism(성차별)입니다.

How do you feel about the e-mail scandal?

이메일 스캔들에 대해서 어떻게 생각하세요?

It seemed to me to be like a product of extreme sexism, and I kept thinking to myself, God, if this was just, like, Kal Penn or George Clooney or any of the other surrogates or supporters... there wouldn't be question about it.

이건 정말 극단적인 성차별의 산물인 것 같아요. 계속 이런 생각을 했어요. 만약 칼 펜이나 조지 클루니 같은 다른 지지자들이었다면 전혀 문제가 되지 않았을 거 아니에요.

What made you become an admirer of Obama?

어떻게 해서 오바마의 열성적인 지지자가 되신 건가요?

I was merely trying to express my delight at Obama's commitment to his campaign and his support in surrogates, staff and fellows, and how wonderful and refreshing that is.

전 단지 오바마의 선거 공약과 오바마가 그의 지지자를 비롯해 함께 일하는 사람들, 동료들을 챙기는 모습을 긍정적으로 평가했을 뿐이에요. 정말 신선하고 보기 좋은 모습이잖아요.

Tips & Words

supporter 지지자, 후원자	**delight** 즐거움, 기쁨
surrogate 대리인	**commitment** 약속, 책임
admirer of ~ (어떤 사람의) 열렬한 추종자, 열성팬	**refreshing** 신선한, 상쾌한, 참신한

Dialogue

A Do you support stem cell research?
줄기 세포 연구하는 거 찬성하세요?

B Yes, I am a strong supporter of the research.
네, 전 줄기 세포 연구를 전적으로 찬성하는 사람이에요.

옷은 제대로 갖춰 입고 다녀야죠.

이탈리아 패션 거장 조르조 아르마니가 〈밀라노 패션 위크〉 중 자신의 새로운 컬렉션을 소개하는 자리에서 자국민의 '품위 없는 옷차림'에 대해 쓴 소리를 쏟아냈다.

아르마니는 "예전과 비교해 볼 때 a sense of fashion 패션 감각 이 뛰어나기로 유명한 이탈리아 사람들이 너무 흐트러진 모습을 보이고 있다"고 말했다. 그는 특히 교회 앞 square 광장 에서 상반신을 드러낸 채 음주를 즐기는 것이 허락될 정도로 느슨해진 이탈리아인의 도덕 관념을 비판하며 'decent dressing 품격을 갖춘 옷차림'에 신경 써주길 당부했다.

한편, 패션 위크에 참석한 또 다른 유명 디자이너 도나텔라 베르사체는 당시 민주당 상원의원이었던 버락 오바마에게 옷을 선물한 것으로 알려졌는데, 오바마를 "자신의 힘을 과시하기 위해 근육을 보여줄 필요가 없는 편안한 사람"이라고 표현해 웃음을 자아냈다.

It is time to straighten ourselves out.

옷은 제대로 갖춰 입고 다녀야죠.

straighten out은 '반듯하게 펴다, 바로잡다'란 뜻으로 '다리 등을 쭉 펴다,
뒤죽박죽 엉킨 상황들을 바로잡다'란 의미로 쓰입니다.

Would you tell me about Milan, the city of fashion?

'패션의 도시' 밀라노에 대해 이야기 좀 해주시겠어요?

It is time to straighten ourselves out, we are too slovenly.
Everything seems to be allowed, even eating and drink-
ing in a church square while stripped to the waist. When
you walk you have to look out for the cans dropped in the
street in front of you."

옷은 제대로 갖춰 입고 다녀야죠. 우리는 너무 흐트러져 있습니다. 요즘은 모든 게 다 허용되는 것 같습
니다. 심지어 교회 앞 광장에서 상반신을 훤히 드러내고 술을 마시는 것까지 말입니다. 이젠 걸어 다니
면서 길거리에 떨어진 깡통들을 조심하면서 다녀야 하니 말입니다.

What do you think about Barack Obama, Versace?

베르사체 씨, 버락 오바마에 대해 어떻게 생각하세요?

He is a relaxed man who doesn't need to flex muscles to
show he has power.

그는 자신이 힘을 가지고 있다는 사실을 과시하기 위해 근육을 보여줄 필요가 없는 편안한 사람이죠.

Tips & Words

a sense of fashion 패션 감각	**strip** (옷을) 벗다, 알몸이 되다
decent 품위 있는	**look out for** ~에 주의를 기울이다, 조심하다
slovenly 부주의한, 깔끔하지 못한	

Dialogue

A Did you hear the news that Tom finally quit drinking?
톰이 드디어 술을 끊었다는 소식 들었어?

B Yes, his wife spent years trying to straighten out her alcoholic husband.
응, 부인이 남편 알코올 중독을 치료하느라고 몇 년을 고생했대.

어린 시절은 불행했어요.

환상적인 목소리와 폭발적인 가창력의 소유자, 머라이어 케리. 그녀는 한 잡지와의 인터뷰에서 "unhappy childhood 불행했던 어린 시절 의 기억 때문에 아이를 낳아 제대로 키울 수 없을 것 같다"고 말했다. 베네수엘라계 흑인 아버지와 아일랜드계 백인 어머니 사이에서 혼혈로 태어난 그녀는 identity problems 정체성의 혼란 을 겪으며 순탄치 않은 어린 시절을 보냈다.

2008년 10살 연하의 랩퍼 닉 캐논과 비밀 결혼식을 올린 머라이어 케리. 이후 케리의 임신 관련 루머는 끊이지 않고 나오고 있다. 결혼 전과 비교해 아이를 갖는 문제에 대한 생각들이 바뀌었는지 물었다. 이에 대해 그녀는 "캐논을 만난 후에 아이를 갖는 것에 대한 mind 생각 이 바뀐 건 사실"이라고 말했다. 하지만 구체적인 자녀 계획에 대해서는 말을 아꼈다.

이런 가운데 최근 할리우드에선 그녀가 딸을 임신했다는 소문이 파다하게 퍼졌다. 케리가 얼마 전 핑크색 cradle 유아용 침대 와 어린이용 식탁 의자 등 모두 20만 달러 어치의 baby items 유아 용품 을 산 사실이 알려졌기 때문.

Mariah Carey's unhappy childhood (traumatic events in my childhood)

머라이어 케리의 불행했던 어린 시절

 How many children do you want to have?

자녀를 몇 명 두고 싶으세요?

 I don't think I could properly educate a child right now. It's definitely because of traumatic events in my childhood. Maybe in the future, but I actually haven't thought about it.

지금 당장은 아이를 키우기 어려울 것 같아요. 사실 어린 시절 제가 겪은 상처하고 관련이 있죠. 앞으로 어떻게 될진 모르겠지만 사실상 자녀문제에 대해 별로 생각해 본 적이 없어요.

 Did you change your mind about having a baby after marriage?

결혼 후 자녀를 갖는 문제에 대한 생각이 변했나요?

 I've changed my mind because I am with The One, I think we would make good parents. People are constantly asking me if I'm pregnant, but I don't like to talk about it too much.

생각이 바뀌었어요. 제가 정말로 사랑하는 사람과 함께 있으니까요. 저희가 좋은 부모가 될 수 있을 것 같다는 생각을 했어요. 사람들이 계속 저한테 임신했냐고 물어보는데, 그 부분에 대해선 너무 자세하게 이야기하고 싶지 않아요.

Tips & Words

| properly 적당히, 알맞게 | pregnant 임신한 |
| constantly 끊임없이, 계속해서 | |

Dialogue

A Do you know why she doesn't want to have a baby?
그녀가 왜 아이를 갖기 싫어하는지 알아?

B That's maybe because of her unhappy childhood.
아마 그녀가 어렸을 때 불행했기 때문인 것 같아.

폭식증에 시달렸죠.

존 프레스콧 영국 전 부총리가 20년간 bulimia ^{폭식증} 에 시달렸다고 고백했다.
프레스콧 전 부총리는 야당의원에 당선되던 1980년대에 처음 식욕 이상증세를 보였다. 당선 후 그는 **too much work** ^{과도한 업무} 에서 오는 스트레스에 시달릴 때마다 음식을 먹어치우기 시작했다.

프레스콧은 "**comfort** ^{위안} 이 되는 음식을 가까이 하는 게 즐거움이 돼 닥치는 대로 먹어치웠다. 그리고서 먹은 음식을 토하고 나면 이상하게 마음이 편안해지면서 안도감이 느껴졌다"고 말했다.

그는 그 동안 정말 많은 음식들을 **stuff** ^{게걸스럽게 먹고} 억지로 **throw up** ^{토해내곤} 했다고 밝혔다. 이어 "사람들은 보통 폭식증을 몸무게를 줄이려고 노력하는 모델같이 스트레스를 받는 여성들과 연계시키는데 나 같은 지위에 있던 사람이 이런 질환을 앓았다고 고백하는 건 좀 이상한 일"이라며 머쓱해 했다.

The former deputy prime minister has struggled with bulimia.

존 프레스콧 전 부총리는 폭식증에 시달렸죠.

Why do you think that you've been suffering from bulimia?

왜 폭식증에 시달리셨다고 생각하세요?

I'm sure it has something to do with stress. I was working too hard. The only break I ever took was to eat. That's all I did. Work, and then quickly eat something. It became my main pleasure, having access to my comfort food.

확실히 스트레스와 상관이 있는 것 같습니다. 일을 지나치게 열심히 한 탓이죠. 저의 유일하게 휴식은 먹는 것이었습니다. 그게 전부였습니다. 일하고 나서 무언가를 빨리 먹는 거죠. 그런데 그게 저의 가장 큰 즐거움이 됐습니다. 저에게 위안을 주는 음식을 먹는 것 말입니다.

So what I did was stuff my face with anything around till I felt sick. Then there would be a weird kind of pleasure in vomiting and feeling relieved.

제 주위에 있는 음식들을 배가 아플 때까지 잔뜩 먹어치웠습니다. 그리고 나서 음식을 토하고 나면 이상하게도 기분이 좋아지면서 안도감 같은 게 느껴졌습니다.

Tips & Words

stuff 빈 공간을 가득 채우다 란 뜻을 가지고 있어요. stuff one's face는 얼굴을 음식에 파묻듯이 게걸스럽게 먹다(배를 채우다)라는 의미예요.

suffer from ~으로 고생하다, 아픔을 겪다
have something to do with~ ~와 관련이 있다

comfort food '위로가 되는 음식'이란 뜻으로 초콜릿이나 아이스크림처럼 사람들이 우울하거나 지칠 때 기분전환을 위해 먹는 음식들을 말합니다.

vomit 구토하다 (= throw up)
relieve (고통, 중압감 등을) 덜어주다

Dialogue

A Have you heard that Jennie's younger sister died of anorexia?
제니의 여동생이 거식증으로 죽었대.

B I know. She has struggled from anorexia and bulimia for the past couple of years while working as a model.
응 알아. 몇 년 동안 모델일을 하면서 거식증, 폭식증에 시달렸어.

플레이보이 사장도 한동안 우울했죠.

〈엑스 파일〉의 스타 데이비드 듀코브니가 섹스 중독증으로 rehabilitation facility 재활원 에 입원했다.

듀코브니는 치료를 위해 voluntarily 자발적으로 재활원 입소를 결정했다. 그는 또한 성명을 통해 "가족과 함께 이번 일을 해결해 나가고 있다"며 "아내와 아이들의 privacy 사생활 을 존중해 줄 것"을 부탁했다.

한편 여든을 넘긴 나이에도 수많은 여자친구를 거느리며 화려하게 성생활을 즐기며 살아가는 사람도 있다. 대저택에서 여러 명의 여성을 거느리고 살아가는 세계 최고의 '플레이보이' 휴 헤프너(82세)가 그 주인공.

세계적인 adult magazine 성인 잡지 〈플레이보이(Playboy)〉의 founder 창립자 인 헤프너는 그의 넘버 원 여자친구로 알려진 홀리 매디슨의 이별 통보로 한동한 우울해했지만 "집 앞에 여자들이 line up 줄 서서 기다리는데 무슨 걱정이냐"는 비서의 말에 금세 기운을 차렸다고 한다.

The Playboy founder has been down in the dumps.

플레이보이 사장도 한동안은 우울했죠.

 How did you make a decision to enter a facility for treatment of your problem?

치료를 위해서 재활원에 들어가기로 한 결정은 어떻게 내리신 건가요?

 I have voluntarily entered a facility for the treatment of sex addiction. I ask for respect and privacy for my wife and children as we deal with this situation as a family.

섹스 중독증을 치료하기 위해서 제가 스스로 재활원에 들어갔습니다. 저는 가족과 함께 이 문제를 해결하기 위해 노력하고 있습니다. 그러니 아내와 아이들의 사생활을 보호해 주시고 존중해 주시길 부탁드립니다.

 How did you get over the break-up with your girlfriend?

여자친구와의 이별을 어떻게 극복하셨어요?

 There's been moments that I've been down in the dumps about all this, and (personal assistant) Mary told me to cheer up and pointed out that there are girls lined up outside the front gate.

여자친구와 헤어지고 나서 우울했던 시기가 있었습니다. 그런데 제 비서인 메리가 오더니 집 밖에 여자들이 쭉 줄 서서 기다린다고 하면서 기운 내라고 말하더군요.

Tips & Words

rehab facility 알코올 중독자, 약물 중독자들이 치료를 받고 재활할 수 있도록 도와주는 곳인 '재활 시설'(rehabilitation facility)을 말해요.

voluntarily 자발적으로
addiction 중독 (cf. addidt 중독자)
break-up 결별, 헤어짐

Dialogue

A Did you know that Peter was in a rehab facility last year?
피터가 작년에 재활치료소에서 지냈던 거 알고 있었어?

B Really? Was he a drug addict or something?
정말? 마약 중독 같은 거 때문에 있었던 거야?

패트릭 스웨이지는
췌장암 투병 중이에요.

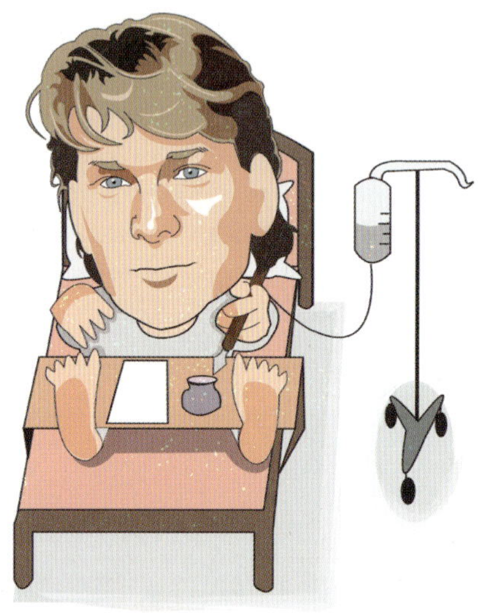

pancreatic cancer ^{췌장암} 말기 판정을 받고 투병중인 사실이 알려져 사람들을 안타깝게 만든 〈사랑과 영혼〉의 배우 패트릭 스웨이지. 투병 중 weight ^{체중}이 급격하게 줄어들어 야윈 그의 사진이 공개되자 전 세계 팬들은 눈시울을 붉혔다.

스웨이지는 지난 2008년 췌장암 선고를 받은 후 온 힘을 다해 병마와 싸웠지만 57세의 나이로 끝내 세상을 떠났다. 그는 투병 중 chemotherapy ^{항암 화학 요법} 치료를 받으며 책도 쓰고, TV 드라마에 출연해 연기 열정을 불태우는 등 끝까지 희망의 끈을 놓지 않았다.

한 때 the press ^{언론}이 "죽음이 임박했다"며 그의 건강과 관련해 계속해서 negative ^{부정적인} 기사를 쏟아내자 "언론사는 인쇄하기 전에 기사 내용이 정확한지 아닌지 두 번 생각하라"며 노여움을 표하기도 했다.

Patrick Swayze's battle against pancreatic cancer.

패트릭 스웨이지는 췌장암 투병 중이에요.

pancreatic cancer는 췌장암을 뜻해요. 한국인 발병률 1위인 위암은 stomach cancer, 여성의 생명을 위협하는 유방암은 breast cancer, 서구화된 식습관으로 증가하고 있는 대장암은 colon cancer라는 것도 기억해두세요.

 Were you upset when the press printed negative stories about you?

언론에서 당신에 대해 부정적인 기사들을 내보내서 언짢으셨나요?

 It's amazing to me that the tabloids print such negative stories about me and my health when there are so many positive things going on in my life right now. I've started a new chemotherapy.

타블로이드지가 저와 제 건강에 대해 부정적인 기사들을 찍어내는 게 정말이지 놀랍습니다. 지금 제 인생에선 정말 좋은 일들이 많이 일어나고 있는데 말이죠. 새로운 항암 치료도 시작했어요.

 Do you have anything to say about the press?

언론에 대해 하고 싶은 말씀이 있으세요?

 I hope in the future, the press will think twice about printing inaccuracies and painting an unpleasant picture when I have so much to be thankful for at this time.

앞으로는 언론이 부정확한 사실, 유쾌하지 않은 사진들을 내보낼 때 두 번씩 생각을 했으면 좋겠습니다. 저는 지금 감사해야 할 것들이 많은 상황입니다.

Tips & Words

| **chemotherapy** 화학적 치료법 (항암 치료의 하나)
| **inaccuracy** 부정확함, 잘못
| **tabloid** 타블로이드 신문

Dialogue

A I think almost all terminal cancer patients have no hair.
말기암 환자들은 거의 다 머리카락이 없는 것 같아.

B You bet. They lose their hair because of chemotherapy.
당연하지. 항암 치료 때문에 머리카락이 빠지는 거야.

그는 세상에서 돈을 가장 많이 버는 변호사야.

마거릿 대처의 별명은 철의 여인이야.

그건 분명히 성차별적인 발언이야.

그녀와 얘기해서 오해를 풀 필요가 있어.

그의 불행했던 어린 시절 때문이야.

그는 폭식증에 시달렸어.

내 친구는 요즘 우울 모드야.

할아버지께서 췌장암 진단을 받으셨어.

flood
홍수

지구촌 곳곳에서 가뭄(drought), 홍수(flood), 지진(earthquake) 등의 자연재해(natural disaster)가 자주 발생하고 있습니다. 중국과 인도에선 홍수로 수만 명이 죽고 수천만 명의 이재민이 발생하기도 했습니다.

At least two people were killed and nine others were missing in floods.
홍수로 최소 두 명이 숨지고 아홉 명이 실종됐다.

serial killer
연쇄 살인범

'~를 죽이다'란 의미로 사용하는 가장 일반적인 단어는 kill. 특히 계획적으로 살해하는 경우에는 murder를 사용합니다. 연쇄 살인범은 serial killer라고 합니다. 또 정치인을 비롯한 유명 인사를 '살해하다, 암살하다'란 뜻에는 assassinate을 사용합니다.

The main character of the movie is a serial killer who kills only rapists.
그 영화의 주인공은 강간범만 죽이는 연쇄 살인범이다.

life imprisonment
무기 징역

법정 최고형인 사형은 death penalty 또는 capital punishment 라고 합니다. 평생을 감옥에서 보내야 하는 무기 징역은 life imprisonment입니다. '~형을 선고 받다'는 be sentenced to ~ years in prison[jail]이라고 표현합니다.

A man was sentenced to life imprisonment for killing his father.
한 남성이 아버지를 살해한 혐의로 무기 징역을 선고 받았다.

yellow dust
황사

노란 흙 먼지 풀풀 날리며 찾아오는 봄철 불청객 '황사'는 yel-low dust, yellow sand 또는 Asian dust라고 합니다. 황사 철에는 외출할 때 긴 소매 옷(long-sleeved clothes)을 입고 수술용 마스크(surgical mask)를 착용해 피부를 보호하는 것이 중요합니다.

During the yellow dust season, you should wear long-sleeved clothes and surgical masks.
황사 철에는 긴 소매 옷을 입고 수술용 마스크를 착용해야 한다.

sexual assault
성폭행

성적 학대, 폭행은 sexual abuse[assault], 성희롱, 성추행은 sexual harassment라고 합니다. 특히 아동 성추행은 child molestation이라고 합니다.

A former police officer has been accused of sexually assaulting a 16-year-old girl.
한 전직 경찰관이 16세 소녀를 성폭행한 혐의로 기소됐다.

fuel
부추기다, 고조시키다

'연료'라는 뜻을 가지고 있는 fuel은 동사로 '연료를 보급하다, (감정 등을) 부채질하다'라는 의미를 가지고 있습니다. 그래서 '불안감을 고조시키다', '추측을 더욱 부채질하다'라는 표현을 하기 위해 종종 사용합니다.

His resignation has fuelled speculation that he is positioning himself to run for president.
그의 사퇴는 그가 대선을 준비하고 있는 것이 아니냐는 추측을 더욱 부채질했다.

| 아버지는 누구일까?

Lindsay Lohan

할리우드 최고의 악동 린제이 로한이 임신 7주째라는 루머에 휩싸였다. 로한의 한 측근은 "그녀가 동성 애인인 사만다 론슨과 헤어진 후 힘들어 하면서 여러 명의 남성을 만났다. 아이의 아버지가 누구인지는 모른다"고 전했다. 이에 대해 로한은 사실무근이라며 부인했다.

| 폭력 래퍼 브라운

Chris Brown

여자친구였던 팝스타 리하나를 폭행한 혐의로 기소된 '악동 래퍼' 크리스 브라운. 브라운의 극심한 구타로 피멍이 들고 퉁퉁 부은 리하나의 얼굴은 삽시간에 인터넷에 퍼져 크게 논란이 됐다. 브라운은 한때 결백을 주장하기도 했지만 리하나를 폭행한 혐의로 결국 유죄 판결을 받아 5년간 보호관찰을 받게 됐다.

| 세대 차이는 아무렇지 않아

팝의 여왕 마돈나는 이혼하기가 무섭게 연하 애인과 결혼설에 휩싸였다. 마돈나는 현재 28살이나 어린 남자 친구를 만나 한창 데이트를 즐기고 있다. 브라질 출신 모델인 남자친구와 '세대 차이'를 이유로 4개월 만에 헤어졌다 다시 만난 그녀. 요즘은 꽃미남 연하 애인 챙기기에 여념이 없다고 한다.

Madonna

| 그녀를 다시 뺏을 거야

잘 살고 있는 커플에게 욕설을 퍼부으며 '돌을 던진' 스타도 있다. 랩퍼 에미넴은 4년 만에 발표한 새 앨범에서 머라이어 캐리의 남편인 닉 캐논을 재물 삼아 노랫말을 만들었다. 한때 머라이어 캐리와 가까운 사이였던 에미넴은 "닉 캐논은 물러나라, 그녀를 다시 뺏을 거야" 라며 거침없는 랩을 퍼부었다.

Eminem

전 올빼미 스타일이에요.

할리우드 wild child ^{악동} 린제이 로한이 새로운 애인을 찾고 있다?

동성 연인 사만다 론슨과 헤어진 로한은 한 코미디 웹사이트에 '애인을 구한다' 는 가짜 동영상 광고를 올렸다.

로한의 '애인 구함' 동영상은 "남은 인생 또는 probation ^{보호 관찰 기간} 을 함께 보낼 사람을 찾는다"는 장난스러운 인사로 시작된다. 이어 "나는 배우이자 가수 겸 entrepreneur ^{사업가} 이고 혼자서 가십 사이트의 90%를 차지하고 있다. 성격은 창의적이고, 밤에 활동하는 걸 좋아하는 올빼미 스타일이며, workaholic ^{일 중독} 이자 shopaholic ^{쇼핑 중독자}" 라고 자신을 소개했다.

약물 복용, drunk driving ^{음주 운전}, 동성애 등 소란스러운 사생활로 악명 높은 로한. 동성 애인과 결별 후, 그 가족들이 법원을 통해 로한에게 '접근 금지' 명령을 내린 것에 발끈, 이를 비꼬는 내용도 광고에 담았다.

I'm a bit of a night owl. 전 올빼미 스타일이에요.

night owl(person)은 올빼미처럼 밤에 활동하는 걸 좋아하는 사람이란 뜻으로 '야행성, 저녁형 인간' 등으로 풀이할 수 있습니다.

<In the video footage> 동영상 중에서

Hi, my name is Lindsay and I'm searching for love. I'm recently single — I think — and I'm looking for someone who I can spend the rest of my life with, or at least the rest of my probation. I am an actress, a singer, an entrepreneur and I have single-handedly kept 90 percent of all gossip websites.

안녕하세요, 제 이름은 린제이고 애인을 찾습니다. 최근에 다시 솔로가 됐거든요. 여생을 함께할 사람, 아니면 최소한 보호관찰 기간 동안이라도 함께 있어줄 사람을 찾습니다. 전 배우 겸 가수이자 사업가에요. 또 전체 가십 사이트의 90%를 혼자서 장식하고 있어요.

Would you tell us about your character and personality?

본인의 성격에 대해 이야기 해주시겠어요?

I would define my personality as creative, I'm a bit of a night owl, I'm a workaholic, a shopaholic and according to the state of California an alcoholic as well as a threat to all security guards, if they work in hotels.

제 성격은 창의적인 편이고, 올빼미 스타일이에요. 또 일 중독이자 쇼핑중독자예요. 캘리포니아 주 정부 기준으로 보면 알코올 중독자이고, 호텔에 근무하는 모든 보안 요원들에게는 경계의 대상이죠.

Tips & Words

| **probation**은 법원의 '보호 관찰 기간' 또는 회사에서 신입 사원의 '수습 기간' 등을 말해요.

| **entrepreneur** 기업인, 사업가

| **define** 정의하다
| **workaholic** 일 중독
| **shopaholic** 쇼핑 중독
| **security guard** 안전 요원, 경비원

Dialogue

A Are you a morning person?
아침형 인간이세요?

B No, I am kind of a night owl.
아니요, 전 올빼미 형이에요.

최고의 TV 드라마 번외편은 어떤 걸까?

1990년대 큰 인기를 끌었던 추억의 TV 드라마 〈베벌리힐즈의 아이들〉의 **spin-off** ^{번외편}이 제작됐다. 특히 이번 '번외편'에는 원년 멤버인 섀넌 도허티와 제니 가스가 합류해 사람들의 관심을 끌었다.

과거 **bitter rival** ^{앙숙}으로 '주먹다짐'이 오고 갔다는 루머가 있을 정도로 껄끄러운 사이였던 두 사람. 이에 대해 가스는 "싸우다가 **scratching** ^{할퀸} 적이 있다는 사실은 부인하지 않겠지만 **hitting each other** ^{서로 때리면서} 싸운 적은 없다"고 말했다.

도허티는 출연진과의 **clash** ^{충돌}을 비롯해 여러 가지 문제가 얽혀 시리즈가 끝나기 전 드라마에서 중도 하차했다. 하지만 10년이란 세월이 흘러 가스를 다시 만난 그녀는 "전부 철없던 어린 시절 이야기"라며 "지금 와서 연기하는 데 문제 될 건 없다"고 말했다.

What is the best spin-off TV series?

최고의 TV드라마 번외편은 어떤 걸까?

How do you feel about reuniting for the new version of "Beverly Hills, 90210"?

베버리힐즈 번외에 예전 멤버들과 함께 다시 출연하시게 된 소감이 어떠세요?

I think when you're 18, your personalities conflict, then you meet up 10 or 15 years later, and the playing ground is totally different and you're fine.

열여덟 살 땐 여러 가지 성격이 충돌하기 마련이죠. 하지만 10년 15년이란 시간이 지나서 다시 만나게 되면 상황이 전혀 달라지기 때문에 괜찮은 것 같아요.

How have you been doing after leaving the program?

프로그램에서 떠난 후에는 어떻게 지내셨어요?

It let me find a little bit of peace and to discover who I was as a person. Not the person who the press made me out to be. I'd had a few bad experiences in my personal life.

조금이나마 평화로운 시간을 가지면서 제가 어떤 사람인지 알 수 있었어요. 언론이 원하는대로 만들어낸 제 모습이 아니고요. 개인적으로 좋지 않은 일들을 몇 차례 겪었어요.

Tips & Words

| reunite 다시 모이다 | conflict 충돌하다 |
| personality 개성, 성격 | |

Dialogue

A What do you think is the best spin-off TV series of all time?
TV 드라마 속편 중에서 지금까지 제일 잘 만들어진 게 어떤 작품인 것 같아?

B Well, I don't know, but I really want 'Sabrina, the Teenage Witch' to be remade.
글쎄, 잘 모르겠어. 그런데 '마법 소녀 사브리나'가 다시 만들어지면 정말 좋을 것 같아.

의지가 약해지기 시작할 때면
폴에게 가서 또 최면 치료를 받아요.

록밴드 '너바나(Nirvana)'의 리더 커트 코베인의 widow ^{미망인} 이자 가수 겸 배우 코트니 러브가 'hypnosis theraphy ^{최면 요법}'을 이용해 다이어트에 성공한 사실을 공개했다.

20kg 가량 체중 감량에 성공한 러브는 주변의 우려에도 불구하고 'skinny ^{깡마른 체형}'을 유지하기 위해 영국인 전문가에게 최면 치료를 받고 있다고 전했다.

그녀는 "여러 가지 규칙들을 지켜가며 혼자 체중 조절을 하는 건 너무나 어려운 일"이라며 "다이어트 resolve ^{의지} 가 약해질 때면 최면 치료 전문가가 곁에서 든든한 버팀목이 되어 준다"고 이야기했다.

하지만 러브의 친구들은 흡사 skeletal ^{해골처럼 마른} 친구를 걱정스러운 눈빛으로 바라보고 있다. 그들은 "약물 중독에서 벗어나더니 이제 다이어트 중독이 되었다"며 우려의 목소리를 냈다.

Whenever I start to feel my <u>resolve</u> weaken, I go to Paul for another hypnosis session.

의지가 약해지기 시작할 때면 폴에게 가서 또 최면 치료를 받아요.

 How long have you been undergoing hypnosis?

최면 치료는 얼마나 오랫동안 받으셨나요?

 I've known Paul(hypnosis therapist) for years. He's brilliant and is totally responsible for me staying so skinny. Whenever I start to feel my resolve weaken, I go to Paul for another hypnosis session.

폴(최면 치료사)을 알게 된 지 몇 년 됐어요. 폴은 똑똑할 뿐만 아니라 제가 계속해서 날씬한 몸매를 유지할 수 있도록 전적으로 책임져주는 사람이에요. 그래서 전 의지가 약해지기 시작할 때면 폴에게 가서 최면 치료를 받아요.

 What do you think about your friend's diet?

친구분의 다이어트에 대해 어떻게 생각하세요?

 She is skeletal now. Her weight would always yo-yo depending on whether she was doing drugs or not. Courtney is an addict, and now she is addicted to losing weight.

러브는 지금 해골이나 마찬가지에요. 그녀의 체중은 마약과 같은 약물 복용 여부에 따라 항상 늘었다 줄었다 했어요. 코트니는 중독 성향이 있는 편인데, 이제 '다이어트 중독'이 된 것 같아요.

Tips & Words

undergo (치료를) 받다. (일을) 겪다	weaken 약해지다
brilliant 훌륭한	depending on ~에 좌우되어
skinny 깡마른	be addicted to ~에 중독되다, 빠지다

Dialogue

A How much weight do you want to lose?
살 얼만큼 빼고 싶어?

B 5 kilograms. But I find my resolve weakens every day.
5 킬로그램. 그런데 매일 의지가 약해져.

출산은 완벽했어요!

팝스타 브리트니 스피어스의 동생으로 잘 알려진 제이미 린 스피어스가 엄마가 된 소감을 전했다.

17세의 어린 나이에 아이를 낳아 **premarital pregnancy** 혼전 임신 문제로 미국 사회 전역을 떠들썩하게 만든 주인공인 제이미 린. 그녀는 "임신에서 **delivery** 출산까지 모든 게 완벽했다"며 "큰 축복을 받은 것 같다"고 말했다. 이어 "언니를 비롯해 가족들이 모두 축하해줘 정말 행복했다"고 덧붙였다.

또한 앞으로 아이들과 많은 시간을 함께 보내며 양육에 힘쓰는 '**soccer mom** 사커 맘'이 되고 싶다는 뜻을 밝혔다.

한편 제이미 린은 아기 아빠인 동료 배우 캐시 알드리지와 예정됐던 결혼식을 돌연 **call off** 취소했다. 그녀의 측근은 "둘 사이에 문제가 생겨서가 아니라 제이미 린이 단지 결혼식이 불필요한 절차라고 여겼기 때문에 내린 결정"이라고 전했다.

I had a perfect delivery! 출산은 완벽했어요!

피자 배달(pizza delivery)을 말할 때 자주 사용하는 단어 delivery에 '출산'이란 뜻이 있습니다. 아기를 출산하는 건 결국 엄마에게 아기를 '배달' 해 준다고 볼 수 있기 때문이죠.

Were you nervous when you got in the delivery room?

분만실에 들어갔을 때 긴장됐나요?

Once I got in there, my doctor was just so calm and so good it was not bad at all. I had a perfect pregnancy and a perfect delivery. I was very blessed.

일단 분만실에 들어가니까 의사선생님이 계셨는데 정말 차분하셨고, 훌륭한 분이셨어요. 그곳에서 좋지 않은 점은 전혀 없었어요. 임신 기간 중에도 그리고 출산할 때에도 정말 모든 게 완벽했어요. 전 정말 축복 받은 것 같아요.

How did you feel when you first saw your baby daughter?

딸을 처음 본 순간 기분이 어땠어요?

The first time I saw her, it was surreal. You can't even imagine that moment. She just looked at me, and she really didn't cry at first. I was scared, and then she started screaming. It is the best feeling in the world.

제 딸을 맨 처음 본 순간은 정말이지 꿈인지 생시인지 모를 정도였어요. 아마 여러분은 그 순간을 상상도 못하실 거예요. 그런데 처음엔 아이가 제 얼굴을 쳐다본 다음 울음을 터뜨리지 않았어요. 그래서 두려웠는데 잠시 후 아주 요란하게 울어대기 시작했죠. 이 세상에서 최고로 감격스러운 기분이었어요.

Tips & Words

soccer mom '방과 후 아이들을 데리고 축구 연습을 시키는 엄마'에서 연유한 말로 자녀 교육에 많은 시간을 할애하는 부모를 의미합니다.

surreal 초현실적인, 환상적인

Dialogue

A Is your wife in the delivery room?
아내가 분만실에 있나요?

B Yes, she has been in labor for more than 10 hours.
네, 지금 10시간 넘게 진통 중이에요.

입이 열 개라도 할 말이 없습니다.

영화 〈다크나이트〉의 스타 크리스천 베일이 'foul-mouthed 거친 입' 때문에 구설수에 올랐다. 베일은 영화 촬영현장에서 연기 도중 촬영감독의 실수로 NG가 나자 4분여에 걸쳐 심한 욕설을 퍼부었는데 'F-word'를 무려 35회나 사용했다.

그런데 그의 육성 오디오 파일이 leak onto the Internet 인터넷에 유출 되면서 사건이 걷잡을 수 없이 커지게 됐다. 그러자 베일은 "내가 정말 어리석게 행동했다"며 스태프에게 공식 사과했다.

그는 "기분이 정말 안 좋은 날 이런 일을 겪은 적이 있지 않느냐"며 사람들에게 양해를 구하기도 했다. 하지만 "내가 한 행동은 inexcusable 변명의 여지가 없다, 비난받는 건 당연하다"면서 정말로 regret 후회하고 있다고 말했다.

It was inexcusable. Feel free to make fun of me at my expense.

입이 열 개라도 할 말이 없습니다. 절 얼마든지 비웃어도 좋아요.

at one's expense는 '~의 부담(비용)으로'란 뜻으로 나에게 '부담'으로 작용해도 괜찮으니 (at my expense) 얼마든지 비웃어도 좋다(make fun of me)라는 의미로 사용됐습니다.

Would you tell us about the audio tape scandal?

테이프 유출 스캔들에 대해 한 말씀 해주시겠어요?

It's been a miserable week for me. I was way out of order. I acted like a punk. I make no excuses for it, it was inexcusable.

지난 한 주간은 정말 괴로웠습니다. 제 행동은 도를 지나쳤습니다. 정말로 어리석은 행동이었습니다. 변명은 하지 않겠습니다. 입이 열 개라도 할 말이 없습니다.

Do you have anything to say to your fans?

팬들에게 하고 싶은 말이 있으신가요?

I ask everybody to sit down and ask themselves, have they ever had a bad day and have they ever lost their temper and really regretted it immensely. But feel free to make fun of me at my expense; I deserve it completely.

여러분께서도 잠시 앉아서 한번 생각해보셨으면 좋겠습니다. 정말로 기분이 안 좋은 날은 없었는지, 단 한번도 이성을 잃고 잘못 행동해서 크게 후회한 적은 없는지 말이죠. 하지만 절 비웃으시는 건 얼마든지 좋습니다. 제가 비난 받는 건 당연합니다.

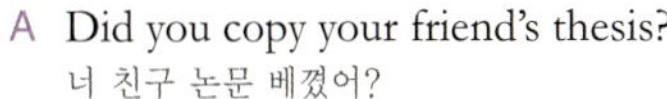

| miserable 괴로운, 끔찍한
| punk 쓸모 없는 사람, 얼간이
| inexcusable 변명의 여지가 없는
| lose one's temper '성미, 성질'을 잃다, 즉 '화

를 내다, 화가 치솟다'란 뜻입니다.
| immensely 굉장히, 막대하게
| make fun of ~를 비웃다, 조롱하다
| deserve 받을만하다

Dialogue

A Did you copy your friend's thesis?
너 친구 논문 베꼈어?

B I really regret it. It is inexcusable.
나 정말 후회해. 입이 열 개라도 할말이 없어.

리하나 폭행 혐의로 5년간 보호관찰을 받게 되죠.

여자친구였던 팝스타 리하나를 **assault** ^{폭행} 한 혐의로 기소된 '악동 래퍼' 크리스 브라운이 법원에 출두해 무죄를 주장했다.

LA 검찰에 따르면 브라운은 그래미 시상식 전 차 안에서 리하나의 얼굴을 가격하고 목을 조르는 등 심하게 폭행했다. 브라운의 극심한 구타로 **black and blue** ^{피멍이} 들고 **swollen** ^{통통} 부은 리하나의 얼굴은 삽시간에 인터넷에 퍼져 크게 논란이 됐다.

이에 대해 크리스 브라운은 "매우 유감스럽고 슬픈 일"이라며 성명을 통해 공식 사과했다. 그러나 막상 법원에 들어서서는 **plea bargaining** ^{유죄 협상 제도} 를 통해 '결백'을 주장하며 폭행 혐의를 전면 부인했다. 하지만, 결국 유죄가 인정돼 5년 간 보호관찰을 받게됐다.

한편 리하나는 폭행 사건 이후에도 다시 브라운과 데이트 하는 모습이 목격돼 그녀의 팬들을 **stunning** ^{아연실색} 하게 만들었다.

Chris Brown was sentenced to five years of probation for assaulting Rihanna.

크리스 브라운은 리하나 폭행 혐의로 5년간 보호관찰을 받게 되죠.

probation은 법원의 '보호 관찰 기간'을 의미합니다. 회사에서는 신입 사원의 '수습 기간' 이란 뜻으로 사용됩니다. The new employees must go through a three-month probation. (신입사원들은 반드시 3개월 수습 기간을 거쳐야 한다.)

Do you regret your behavior?

당신의 행동을 후회하나요?

For the time being I am seeking the counseling of my pastor, my mother, and other loved ones; and I **am committed**, with God's help, to **emerging** as a better person.

당분간 목사님, 어머니를 비롯한 사랑하는 가족들에게 상담을 받으려고 합니다. 하나님의 도움을 받아 앞으로 더 나은 사람이 되고자 노력하겠습니다.

Can you explain more about the incident that happened on the day when you headed for the Grammy Awards?

그래미 시상식장으로 가던 날 생긴 일에 대해 좀 더 자세히 말씀해 주시겠어요?

While I would like to be able to talk about this more, until the legal issues are **resolved**, this is all I can say except that I have not written any messages or made any posts to Facebook, on blogs or any place else.

이 내용에 대해 좀 더 자세하게 말씀드리고 싶지만 법적인 문제들이 해결될 때까지는 여기까지가 제가 드릴 수 있는 이야기의 전부입니다. 한 가지만 더 말씀드리면 페이스북이나 블로그 등 어떤 곳에도 전 메시지를 남긴 적이 없으며, 포스트도 올린 적이 없습니다.

Tips & Words

be sentenced to (얼마 간의) 선고를 받다	emerge 나타나다
for the time being 당분간, 한동안	**resolve** 해결하다
be committed to ~을 하겠다고 약속하다	

Dialogue

A What happened to you? You are black and blue all over.
아니 무슨 일이야? 너 온몸이 시퍼런 멍투성이야.

B I slipped and fell down the stairs.
계단에서 미끄러져서 넘어졌어.

그 사람 결혼 생활하고 저하고는 아무 상관없어요.

할리우드 최고의 섹시 아이콘 마돈나가 영화감독 남편 가이 리치와 8년간의 결혼 생활을 정리했다. 마돈나는 이혼 무렵, 뉴욕 양키스의 heavy hitter 강타자 알렉스 로드리게스와 염문을 뿌렸다. 당시 그녀는 "나는 로드리게스와 아무 사이도 아니다"라며 염문설을 정면으로 반박했다. 하지만 로드리게스의 부인은 두 사람의 관계에 대해 언급하며 남편의 extramarital affair 혼외 정사 를 이유로 이혼 소송을 제기했다.

최근 그녀는 28세 연하 꽃미남 모델 헤수스 루즈와 사랑에 빠졌다. 뜨거운 애정을 과시하며 데이트를 즐기는 마돈나와 루즈 커플의 모습은 연일 화제를 낳고 있다. 한편 마돈나는 이혼 문제 등으로 '머시'라는 3살의 말라위 소녀를 입양하는데 had a tough time 어려움을 겪었다. 말라위 법원은 마돈나가 이혼 후 single mom 싱글맘 이라는 사실과 현지에 장기 체류한 경험이 없다는 점 등을 들어 그녀의 두 번째 입양 신청을 거부했다. 하지만 끈질긴 설득 끝에 결국 그녀는 입양 승인을 받아냈다.

I have nothing to do with the state of his marriage.

그 사람 결혼 생활하고 저하고는 아무 상관없어요.

have to do with ~는 '~와 관련이 있다, 상관있다' 란 뜻이고 have nothing to do with 는 부정어(nothing)가 들어가 '~와 관련 없다, 상관 없다' 란 의미가 됩니다.

 Could you explain about your relationship with Alex Rodriguez?

알렉스 로드리게스와의 관계에 대해 설명해 주시겠어요?

 I am not romantically involved in any way with Alex Rodriguez. I have nothing to do with the state of his marriage.

저는 알렉스 로드리게스와 절대로 연인 사이가 아니에요. 그 사람의 결혼 생활하고 저하고는 아무 상관도 없어요.

 Why do you want to adopt Mercy?

왜 머시를 입양하려고 하시나요?

 I want to provide Mercy with a home, a loving family environment and the best education and health care possible. And it's my hope that she will one day return to Malawi and help the people of their country.

머시에게 집과 사랑하는 가족을 만들어 주고, 최고의 교육과 의료 혜택을 받을 수 있도록 해주고 싶어요. 또 먼 훗날에는 머시가 말라위로 돌아가 고국에 있는 사람들을 도울 수 있었으면 하는 게 제 바람이에요.

Tips & Words

| **be involved with** ~에 관련되어 있다 | **provide A with B** A에게 B를 제공하다 |
| **adopt** 입양하다 | |

Dialogue

A Edwards admitted to an extramarital affair.
에드워즈가 혼외 정사를 시인했어.

B Yes, but he denied fathering an illegitimate child.
응, 그런데 사생아를 낳은 건 아니라고 했대.

전 올빼미 스타일이에요.

최고의 TV 드라마 번외편은 어떤 걸까?

아무것도 성공하고자 하는 그녀의 의지를 꺾을 수 없어.

아내가 분만실에 있나요?

입이 열 개라도 할 말이 없어.

신입 사원들은 반드시 3개월 수습 기간을 거쳐야 해.

그건 나와 전혀 상관없어.

자신 있게 말해 볼까?

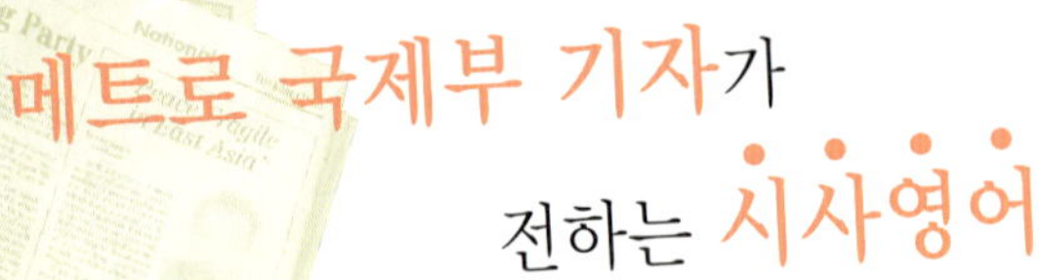

best actress award
여우 주연상

미국에서 매년 봄이면 아카데미 시상식(Academy Awards)이 열립니다. 흔히 Oscar라고도 불리는 이 시상식에는 그야말로 영화계 스타들이 총출동합니다. 특히 영화제의 꽃으로 불리는 여우 주연상은 (best actress award)은 초미의 관심사입니다. 상과 관련된 표현 중 '상을 받다'란 표현은 win an award입니다.

Kate Winslet won the best actress award for her role in The Reader.
케이트 윈즐릿은 영화 〈더 리더〉의 역할로 여우 주연상을 수상했다.

stem cell
줄기 세포

말도 많고 탈도 많은 줄기 세포 연구(stem cell research). 불치병, 난치병(incurable disease) 환자들은 치료를 목적으로 줄기 세포 연구가 활발하게 진행되기를 바랍니다. 하지만 일각에서는 인간 복제(human cloning)의 날이 코앞으로 다가왔다며 우려의 목소리를 내고 있습니다.

The two U.S. companies are racing to develop stem cell therapies.
줄기 세포 치료법을 개발하기 위해 미국 기업 두 곳이 경쟁을 벌이고 있다.

hostage
인질

오랜 내전(civil war)으로 나라가 갈기갈기 찢긴 소말리아에선 해적들이 극성을 부리고 있습니다. 극심한 굶주림과 사회 혼란으로 살기가 어려워진 어부들은 고깃배 대신 해적선을 타고 바다로 나가 인질(hostage)들을 잡아들입니다. '~를 인질로 잡다'는 take[hold] somebody hostage라고 표현합니다.

Somali pirates have taken more than 100 hostages in the past year.
소말리아 해적들이 지난해 100명 이상의 사람들을 인질로 잡아갔다.

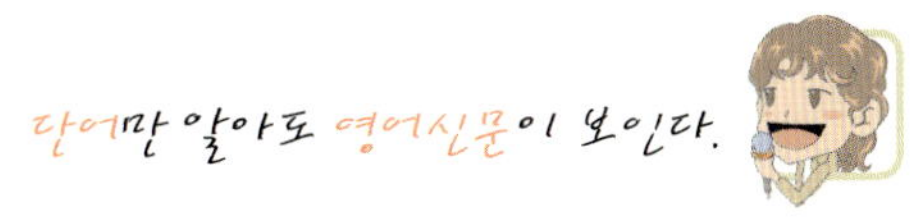

transplant
이식하다

transplant는 '옮겨 심다, 이식하다'란 뜻으로 장기 이식(organ transplant)과 관련해서 자주 사용되는 단어입니다. 또 장기 등을 '기부하다'라고 할 때는 동사 donate를 사용합니다. 그래서 혈액을 '기부'하는 헌혈은 blood donation이라고 합니다.

She has returned to her job as CEO after recovering from a kidney transplant.
그녀는 신장 이식 수술에서 회복한 후 CEO 자리로 복귀했다.

over-the-counter
처방전 없이 살 수 있는

병원에서 의사에게 진찰을 받은 후 처방전을 받게 됩니다. '의사에게 진찰, 진료를 받다'는 see(consult) a doctor라고 말합니다. 또 처방전은 prescription이라고 합니다. 미국에서는 대부분의 약을 의사의 처방이 있어야 구입할 수 있지만 처방전 없이 구입할 수 있는 몇몇의 약은 over-the-counter medicine이라고 합니다.

Many women take over-the-counter painkillers to cope with menstrual cramps.
많은 여성들이 생리통 때문에 처방전이 필요 없는 일반 진통제를 복용한다.

naked
나체의

naked는 '벌거벗은, 나체의'란 뜻입니다. '알몸'을 표현하는 또 다른 단어로는 nude 와 bare가 있는데, nude는 주로 예술 작품 등을 표현할 때, bare는 barefoot(맨발의)처럼 신체 부위가 옷 등으로 가려지지 않고 드러난 경우에 사용합니다.

He was walking around naked in his room.
그 남자는 자기 방에서 알몸으로 돌아다니고 있었다.

소개팅에서 정말
따분한 남자를 만났어요.

영화배우 골디 혼의 딸이자 '신부들의 전쟁' 등 로맨틱 코미디로 유명한 배우 케이트 허드슨. 그녀가 **blind date** ^{소개팅} 에서 **deeply** boring ^{너무 따분한} 남자를 만나 자리를 박차고 나간 일화에 대해 이야기했다.

"**I'm totally single** ^{난 완전한 솔로}"라며 옆구리가 허전하다는 허드슨. 하지만 지루한 남성은 도저히 참을 수가 없어 첫 데이트에서 음식을 주문하기도 전에 상대방에게 작별인사를 고했다고 한다.

활달한 성격답게 **car racing** ^{자동차 경주} 나 미니어처 골프를 좋아한다는 그녀는 "데이트를 하러 나왔으면 제대로 해야 되지 않나요"라며 우스갯소리를 했다.

허드슨은 영화 〈10일 만에 남자친구에게 차이는 법〉에서 만난 영화 배우 오웰 윌슨과 몇 달 사귀었다 헤어지며 재결합을 반복하는 것으로도 유명하다.

I met a terribly boring guy on a blind date.

소개팅에서 정말 따분한 남자를 만났어요.

남녀간에 서로 얼굴을 전혀 모르는 상태에서 이루어지는 만남인 '소개팅'은 blind date 라고 합니다.

How was the guy you met on a blind date?

소개팅에서 만난 남자 어땠어요?

One date, I just left before we even ordered food because the guy was just so deeply boring that it was like, I'm going to just save us from all of this and just leave. I'm not kidding.

첫 번째 데이트에서 음식을 주문하기도 전에 나와 버렸어요. 소개팅에 나온 남자가 너무 따분했어요. 우리 두 사람을 그 상황에서 구하기 위해 제가 나와 버린 거죠. 농담이 아니라니까요.

What are some things that you like to do on your date?

데이트에서 무엇을 하고 싶으세요?

I like to be surprised with something fun or something different, like racing cars ... or miniature golf or something. If you're going to go on a date, do it right, you know.

전 재미있거나 뭔가 색다른 걸로 깜짝 놀라는 게 좋아요. 자동차 경주나 … 미니어처 골프 같은거요. 데이트에 나가면 제대로 해야 하지 않겠어요.

Tips & Words

| **deelply** 몹시, 진심으로, 심각하게
| **save A from B** A를 B에서 구해내다
| **go on a date** 데이트를 하다

Dialogue

A I will set you up on a blind date with my cousin.
내 사촌하고 소개팅 시켜줄게.

B What's he like? I hate boring and predictable guys.
어떤 사람인데? 난 지루하고 뭐할지 뻔히 예상되는 남자는 딱 질색인데.

A He is exactly the opposite.
그런 사람들하고 정반대 스타일이야.

시에나 밀러는 가정 파괴범.

영화 〈팩토리걸 Factory Girl〉, 〈카사노바 Casanova〉 등으로 유명한 배우 시에나 밀러가 석유 재벌가의 **heir** 후계자 이자 유부남인 발타자 게티와 애인 관계로 밝혀져 **home wrecker** 가정 파괴범 이라는 비난을 받았다.

한번은 차에 **fill up** 기름을 넣기 위해 **gas station** 주유소 에 들렀는데 이번 일로 그의 일거수일투족을 담기 위해 안달이 난 할리우드 파파라치들에게 포위 당해 울음을 터뜨렸다.

밀러는 열애 사실이 밝혀지면서 수많은 여성들의 질타를 받았다. 미혼인 그녀와 달리 게티는 어엿한 부인과 네 아이를 둔 **married man** 유부남 이기 때문이다.

이에 대해 밀러는 "**I've been at war** 한바탕 전쟁을 치른 것 같다. 많은 여성들의 비난을 받았다. 그런데 여자는 남자에 비해 같은 여자를 너무 물어뜯고 비난해서 슬프다"며 호소하기도 했다.

최근 밀러는 새로운 영화촬영에 여념이 없는 모습이다. 그녀는 "소규모 작품들에 항상 **I've been drawn** 끌린다 며 "작품을 할 때면 마음이 편안하다"고 말했다.

Sienna Miller is a home wrecker.

시에나 밀러는 가정 파괴범.

'파괴자'를 뜻하는 단어 wrecker와 home이 결합되어 home wrecker (가정 파괴범)이란 뜻이 됐습니다.

<At a gas station> 주유소에서

Can you leave me alone? I'm trying to get gas and this is really harassment. Please leave me alone. I can't live like this, please give me a little bit of respect. I'm just trying to fill up my car.

저 좀 그냥 내버려 두 실 수 없으세요. 차에 기름 넣으려고 왔잖아요. 정말 이렇게 사람을 괴롭히는 법이 어디 있어요. 그냥 좀 내버려 두세요. 제가 이런 식으로 살 수는 없잖아요. 제발 절 조금이라도 존중해주세요. 그냥 차에 기름 넣으려고 온 거잖아요.

What have you been doing lately?

요즘 어떻게 지내세요?

I went through this year of working back-to-back and I didn't want to stop. I've historically always been drawn toward and gravitated to the smaller movies. That's my comfort zone. Doing something like <G.I. Joe> was just a new experience and fun in its own way.

올해는 계속 일하면서 지냈어요. 멈추지 않고 계속 하려고요. 예전부터 전 항상 소규모 영화에 끌리더라고요. 제가 마음 편하게 일할 수 있어서 그런 것 같아요. 〈지. 아이. 조〉 같은 영화는 정말 새로운 경험이었고 연기하는게 즐거웠어요.

Tips & Words

| harassment 괴롭힘 | draw 당기다, 끌다 |
| back-to-back 계속해서, 연달아 | gravitate ~에 끌리다 (to) |

Dialogue

A Maggie had an affair with my husband, but she does not consider herself to be a home wrecker.
메기가 내 남편하고 바람 피워놓고도 자기는 가정 파괴범이 아니라고 생각해.

B Shame on her!
원 부끄러운 줄 알아야지!

제 눈이 머리 뒤에 달렸으면 좋겠어요!

hot air balloon ^{열기구} 를 타고 세계 여행을 즐기는 억만장자 모험가 리처드 브랜슨. 영국 버진 그룹의 리처드 브랜슨 회장은 조만간 space travel ^{우주 여행} 에도 나설 계획이다.

브랜슨 회장은 우주 시대를 활짝 열어줄 세계 최초의 상용 우주선 '스페이스십 2'의 모선 '화이트 나이트(White Knight)'를 공개하며 우주 관광 회사인 '버진 갤러틱(Virgin Galatic)'이 2010년 민간 우주비행을 시작한다고 밝혔다.

브랜슨 회장은 "화이트 나이트 roll-out ^{공개} 를 통해 버진 갤러틱의 비전을 한 단계 끌어 올렸다"며 "향후 tangible results ^{가시적인 성과} 를 지속적으로 창출해 나갈 계획"이라고 말했다.

회사 홍보에 직접 나서는 것으로도 유명한 브랜슨 회장. 얼마 전에는 naked ^{누드} 모델을 등에 업고 수상 스키를 타는 등 이색 사진 촬영을 해 눈길을 끌기도 했다. 그는 촬영장에서 기분이 어땠냐는 질문을 받자 "눈이 뒤에 달렸으면 좋겠다"고 대답해 폭소를 자아냈다.

I wish I had eyes in the back of my head!

제 눈이 머리 뒤에 달렸으면 좋겠어요.

'I wish+주어+과거동사'로 이뤄진 가정법 패턴은 '~라면 좋겠다'는 '바람, 소망'을 담고 있습니다.

Pleas tell us about White Knight Two.

'화이트 나이트 2'에 대해 말씀해 주세요.

The roll-out of White Knight Two takes the Virgin Galactic vision to the next level and continues to provide tangible evidence that this most ambitious of projects is not only for real but is also making tremendous progress toward our goal of a safe commercial operation.

'화이트 나이트 2'가 공개되면서 '버진 갤러틱'의 비전은 한 단계 더 올라 가게 됐습니다. 또한 이를 통해 앞으로 가시적인 성과를 창출해 우리의 야심찬 우주 여행 프로젝트가 현실화 되고, 더 나아가 안전하게 민간 우주 여행을 할 수 있도록 만들겠다는 우리의 목표를 달성하는 데에도 커다란 진전을 이뤄낼 것입니다.

Could you tell me about your photo shoot with a naked model?

누드 모델과 사진 촬영 하신 거에 대해 한 말씀 해주시겠어요?

What can you say if you are asked to pose with a naked lady? I wish I had eyes in the back of my head.

나체 여성과 함께 사진 촬영을 위해 포즈를 취하라는데 무슨 말이 필요하겠어요? 제 눈이 머리 뒤에 달렸으면 하는 마음뿐이었죠.

Tips & Words

| **roll-out** 신제품을 소개할 때 '출시·공개'의 뜻으로 자주 쓰이며 동사와 명사로 모두 사용됩니다.

| **tangible** 눈에 보이는, 실제의

| **tremendous** 엄청난, 거대한

| **commercial** 민간의, 상업의

| **naked** 나체의

Dialogue

A If space travel becomes a reality, will you go?
우주 여행이 현실화 되면 갈 생각 있어?

B Probably. As long as the price is affordable.
아마도. 가격이 너무 부담스럽지 않으면.

이 한심한 꼭두각시들이 정권을 잡는다고요?

짐바브웨의 로버트 무가베 대통령이 대선 결선 투표를 앞두고 야당에 **threaten** 으름장 을 놓고 나섰다. 대선을 치른 뒤 한 달 만에 공개된 개표 결과 야당인 민주변혁운동(MDC)의 모건 창기라이 총재가 1위를 차지했기 때문.

이에 대해 무가베 대통령은 "꼭두각시 **regime** 정권 이 들어서는 건 절대로 용납할 수 없으며 그런 일은 일어나지 않을 것"이라고 못박았다. 야당을 외부 세력(부유한 백인층)에 좌지우지 되는 '**pathetic puppet** 한심한 꼭두각시'로 표현한 것.

Down with the dictatorship 독재 타도 를 외치며 치열한 싸움을 벌인 칭기라이 총재는 결국 무가베 대통령을 몰아내는 데는 실패했다. 대신 거국 정부의 한 축을 차지하며 짐바브웨의 초대 총리로 공식 **swear in** 취임했다. 절반의 성공은 거둔 셈이다.

이로써, '짐바브웨는 나의 것'을 외치며 1987년 집권 이후 장기 독재체제를 구축한 무가베 대통령은 이번에도 권좌를 지켜냈다.

Are these pathetic puppets taking over this country?

이 한심한 꼭두각시들이 정권을 잡는다고요?

The opposition party has been gaining **momentum** in the campaign. What do you think about that?

야당이 선거에서 점점 힘을 얻고 있는데요. 어떻게 생각하십니까?

We shall never, never accept anything that smells of... the MDC. These **pathetic** puppets **taking over** this country? Let's see. That is not going to happen.

우리는 민주변혁운동(MDC)과 관련된 어떤 것도 용납하지 않을 것입니다. 이 한심한 꼭두각시들이 정권을 잡는다고요? 글쎄요. 그런 일은 일어나지 않을 것입니다.

It shall never happen... as long as we are alive and those who fought for the country are alive. We are prepared to fight for our country and to go to war for it.

우리가 살아있고 또 국가를 위해 싸운 분들이 살아 있는 한 그런 일은 절대로 일어나지 않을 것입니다. 우리는 조국을 위해 싸울 준비가 되어있고, 전쟁이라도 마다하지 않을 것입니다.

Tips & Words

| opposition party 야당
(↔ ruling party)
| pathetic 한심한

| momentum 힘, 여세, 추진력
| take over (정권을) 인수하다

Dialogue

A Do you know who the leader of the opposition party is?
야당 대표가 누구인지 알아?

B I don't know, but I know the one for the ruling party.
모르겠어. 하지만 여당 대표가 누구인지는 알고 있어.

한번 속는 셈치고 그녀를 믿어보죠.

2009 미스 USA 2위를 차지한 캐리 프리진이 crown ^{왕관}을 빼앗겼다. 프리진은 미스 USA 행사 불참 등 '계약 불이행'을 이유로 결국 자격을 박탈 당했다.

프리진은 인터넷에 누드 사진이 유포되면서 이미 한 차례 자격 박탈 위기에 놓였었다. 하지만 미스 USA 조직위의 도널드 트럼프 위원장이 인터넷에 유포된 프리진의 누드사진을 검토한 결과 'acceptable ^{허용할 수 있는 범위}'라며 사건을 무마해 위기를 모면했다.

당시 트럼프는 "나는 사람들에게 항상 속는 셈 치고 기회를 한번 더 주는 편"이라면서 그녀를 옹호했다. 하지만 이후 프리진이 계약 내용을 제대로 이행하지 않자 마음을 돌렸다.

앞서 프리진은 미스 USA 대회에서 강력한 1위 후보였다가 2위로 밀려났다. 프리진은 한 contest judge ^{심사위원}이 same-sex marriage ^{동성결혼}에 대한 의견을 묻자 "결혼은 남녀 사이에 이뤄지는 것이라고 생각한다"고 소신을 밝혀 아깝게 우승을 놓쳤다.

Let's give her the benefit of the doubt.

한번 속는 셈치고 그녀를 믿어보죠.

상대방이 좀 의심스럽긴 하지만 '일단은 좋은 쪽으로 해석해서 믿어 보자' 는 뜻입니다. '속는 셈 치고 ~를 한번 믿어보자(give the benefit of the doubt to somebody)' 라는 의미로 사용됩니다.

Do you think it is OK for Miss California to keep her crown?

미스 캘리포니아가 계속해서 왕관을 유지하는 걸 괜찮다고 보십니까?

Well, first of all, I always like to give the benefit of the doubt to somebody. And I did that with Tara Connor, and she's really made me very proud because she's come through beautifully, at least so far.

우선 저는 다른 사람들에게 속는 셈치고 기회를 한 번 더 주는 편이라는 점을 말씀드리고 싶네요. 전에 타라 코너(전 미스 USA) 때에도 비슷한 상황이었습니다. 그녀도 당시 상황을 잘 헤쳐나가면서 정말로 저를 자랑스럽게 만들었습니다. 최소한 지금까지는 말이죠.

Have you seen Carrie Prejean's nude pictures?

캐리 프리진의 누드 사진을 보셨나요?

We've reviewed the pictures carefully. We've made a determination that the pictures taken were acceptable. Some were risque, but we are in the 21st century.

우리는 이번 누드 파문 사진을 자세하게 살펴본 결과 허용할 수 있는 범위의 사진이라는 결론을 내렸습니다. 노출 수위가 높은 사진도 일부 있었습니다. 하지만 지금 우리는 21세기에 살고 있지 않습니까.

Tips & Words

| **come through** 통과하다, 해내다 | **review** 자세히 살펴보다 |
| **at least so far** 최소한 지금까지는 | **risque** 위험한, 외설적인 |

Dialogue

A I'm so sorry to be behind on the rent. Just give me a few more weeks.
임대료가 밀려서 정말 죄송해요. 몇 주만 더 기다려 주세요.

B Well, I will give you the benefit of the doubt.
흠, 한번 속는 셈치고 믿어볼게요.

그 사람은 탈세 혐의로 체포됐어요.

할리우드 액션배우 웨슬리 스나입스가 소득세 누락 등 고의적 tax evasion ^{탈세} 혐의로 법정 최고형인 sentenced to three years in prison ^{3년 형을 선고받았다.} 스나입스는 성명을 통해 잘못을 시인하고, 주변 분들께 실망을 끼쳐 죄송하다고 말했다. 또한 "세법에 대해 몰랐다"면서 선처를 호소했다.

미국 플로리다 법원은 "스나입스가 장기간 고의적으로 탈세해온 것으로 보인다. 중요한 범죄인 만큼 엄중한 처벌이 따라야 한다"며 법정 최고형을 선고한 것으로 알려졌다. 이에 대해 스나입스 측 변호인단은 즉각 appeal ^{항소} 할 뜻을 밝혔다.

스나입스의 절친한 친구인 영화배우 덴젤 워싱턴도 친구 살리기에 나섰다. 워싱턴은 petition ^{탄원서} 를 통해 "스나입스는 많은 사람들이 기댈 수 있는 큰 나무 같은 사람"이라며 "그의 친구라는 사실이 자랑스럽다"고 말했다.

He was arrested for tax evasion.

그 사람은 탈세 혐의로 체포됐어요.

tax evasion은 '세금 회피, 탈세'란 뜻입니다. 참고로 '소득을 신고하다'란 표현은 file a tax return이라고 합니다.

Do you want to say anything to your fans on this matter?

이번 사건과 관련해서 팬들에게 하고 싶은 얘기가 있으신가요?

I'm very sorry for my mistakes. I acknowledge that I have failed myself and others. I am an idealistic, naive, passionate, spiritually motivated artist, unschooled in the science of law and finance. My wealth and celebrity attracted wolves and jackals like flies are attracted to meat."

제 실수에 대해 정말 죄송하다고 말씀드리고 싶습니다. 제 자신과 주변 분들을 실망시켜드렸습니다. 전 이상주의적이고, 세상물정 모르고, 열정적이고, 정신적으로 동기를 부여하며 살아가는 예술가입니다. 법과 금융제도에 대해서는 모릅니다. 제가 가진 재산과 명성이 늑대와 자칼 같은 짐승들을 끌어드렸습니다. 고기에 파리가 꼬이듯 말이죠.

<In a petition by Denzel Washington> 덴젤 워싱턴 탄원서 가운데

Like a tree — a mighty oak. He stands for so many. Many who know him have sat in his shade and even been protected by his presence. I am proud of him, and most importantly, proud to call him my friend.

튼튼한 떡갈나무같이 스나입스는 수많은 사람들을 위해 서 있습니다. 많은 사람들이 그의 그늘 안에 있고, 그가 곁에 있는 덕분에 보호를 받기도 합니다. 저는 스나입스가 자랑스럽고, 또 무엇보다도 그를 친구라는 이름으로 부를 수 있어서 뿌듯합니다.

Tips & Words

idealistic 이상주의(자)의	**presence** 존재
celebrity 유명인	
be attracted to ~에 끌리다	

Dialogue

A Did you hear that our CEO was arrested yesterday?
우리 사장님이 어제 체포되셨다는 얘기 들었어?

B Yes, he was arrested for tax evasion.
응, 탈세 혐의로 체포되셨대.

정리 해고된 직원들이 퇴직금을 못 받았어요.

래퍼 에미넴이 자동차 산업의 불황으로 **laid-off workers** [해고된 노동자] 200명을 이끌고 미국의 인기 토크쇼인 '지미 키멜 라이브'에 출연한다는 의사를 밝혀 눈길을 끌었다.

자동차 산업의 본고장인 디트로이트 출신인 에미넴은 "**auto industry** [자동차 업계] 불황의 직격탄을 맞은 디트로이트 사람들의 모습을 보여주고 싶다"고 밝혔다. 그는 또한 자동차 업계에 **dedicate** [헌신] 해 온 실직자들이 **severance pay** [퇴직금] 도 제대로 받지 못한 채 거리로 내몰리고 있는 현실을 개탄했다.

한편 에미넴은 오랜 공백을 깨고 발표한 새 앨범에서 가수 머라이어 캐리의 남편의 이름을 언급하며 '닉 캐논은 물러가라, 그녀를 다시 뺏을 거야'라는 내용이 담긴 욕설 섞인 막말 **lyric** [가사] 를 선보여 논란을 일으켰다.

The laid-off workers did not get severance pay.

정리 해고된 직원들이 퇴직금을 못 받았어요.

lay-off는 회사의 사정이 좋지 않거나 경기가 악화되어 직원 수를 줄이는 '정리 해고'를 뜻합니다. 반면 fire는 본인의 실수나 업무 능력 부족 등을 이유로 회사에서 '잘리는' 것을 말합니다.

On the program, what are you going to say about the 200 laid-off workers?

프로그램에서 해고된 근로자 200명에 대해 어떤 이야기를 하실 건가요?

Everyone forgets about the people who have lost their jobs without getting big cash payouts after dedicating themselves to the auto industry.

사람들이 전부 자동차 업계에 헌신하고도 제대로 퇴직금조차 받지 못하고 직장에서 내몰린 근로자들을 잊고 지내는 것 같아요.

Jimmy Kimmel and I got to talking, and we want to re-mind everyone that there are real people affected by what's going on in Detroit.

지미 키멜과 제가 이야기를 좀 나눠봐야겠어요. 그래서 사람들에게 자동차 업계 불황 때문에 현재 디트로이트 지역에 이렇게 피해를 입은 사람들이 있다는 사실을 알려주고 싶어요.

Tips & Words

※ **I get a pink slip[the axe].** 나 해고됐어.
해고 통지서(pink slip)나 도끼(axe)를 사용해서 '해고'의 뜻을 전할 수도 있어요. pink slip은 예전에 미국 회사에서 직원들에게 분홍색 쪽지로 해고 사실을 통보하던 데서 유래됐죠. 또 도끼에 찍히는 상황에 빗대어 회사에서 '잘렸다'라고 표현할 수도 있어요.

| **payout** 지불, 지출
| **dedicate oneself to** ~에 자신을 헌신하다
| **affect** ~에 영향을 미치다
| **grant** 주다

Dialogue

A I resigned from my job yesterday.
나 어제 사표 냈어.

B Did the company grant you severance pay?
그 회사에서 퇴직금은 줬고?

A Yes, I received three months salary as severance pay.
응, 석 달치 월급을 퇴직금으로 받았어.

패리스 힐턴의 다이어리는 '구글'!

"전 다이어리 안 써요. **I google myself** ^{구글에 제 이름을 치고 검색하면} 다 나오는걸요."
패리스 힐턴이 법원에서 한 발언이 화제다. 힐턴은 한 영화 제작사로부터 계약 불이행으로 **sue** ^{고소} 를 당해 열린 청문회에 참석, 통통 튀는 답변을 던져 눈길을 끌었다.

그는 "회의 스케줄을 관리하기 위해 다이어리를 가지고 다니느냐"는 질문에 "구글이 제 다이어리예요. 제 이름만 치면 다 나와요"라고 대답했다.

또 "프로듀서들한테 전화 연락을 받지 않았느냐"고 묻자 "전 휴대전화를 자주 잃어버려요. 2주에 한 번씩은 휴대전화를 바꾸기 때문에 잘 모르겠어요"라고 말했다. 이어 "지금까지 살면서 **cell phone bill** ^{휴대전화 요금 청구서} 도 한번도 본 적이 없다"고 덧붙였다.

Google is Paris Hilton's diary!

패리스 힐턴의 다이어리는 '구글'!

Google은 동사와 명사로 모두 사용할 수 있습니다. 동사로 사용하면 '구글에서 검색하다'
란 뜻이 됩니다.

Do you keep a diary for business?

비즈니스를 위해 다이어리를 관리하시나요?

**No, I don't bother to keep a journal. I just press my name
and google it and see.**

전 다이어리 안 써요. 그냥 제 이름을 구글에 쳐서 확인하면 되는걸요.

Haven't you got calls from the producers?

프로듀서들한테 전화 연락을 받지 않으셨나요?

**With my phone I never know, because I lose it all the time.
I probably get a new cellphone, like, every two weeks.
I've never seen a phone bill of mine in my life.**

전화에 대해선 전혀 모르겠어요. 전 전화를 자주 잃어 버리는 편이라서요. 한 2주에 한 번씩 휴대 전화를
바꾸는 것 같아요. 또 태어나서 지금까지 휴대 전화 요금 청구서를 본 적도 없고요.

Tips & Words

| keep a diary [journal] 일기를 쓰다 | cell phone 휴대 전화 |
| google 구글에서 검색하다 | bill 계산서, 청구서 |

Dialogue

A After I got fired, I had trouble paying utility bills.
해고된 후로 관리비 내기 정말 힘들었어.

B Me, too. And, my phone bill was too high last month. I'll try not to talk too
much on the cell phone.
나도 그래. 그리고 난 지난달에 전화비도 너무 많이 나왔어. 앞으로 휴대 전화 붙잡고 너무
오래 얘기하지 말아야겠어.

소개팅해 줄게.

그는 가정 파괴범이야.

내가 투명 인간이면 좋겠어.

그는 정말 꼭두각시처럼 행동해.

한번 속는 셈치고 믿어 볼게요.

그는 탈세 혐의로 체포됐어.

나 정리 해고됐어.

가서 구글 검색으로 정보를 찾아봐.

자신 있게 말해 볼까?

pay cut
임금 삭감

직장인들은 월급을 받아보면 '내 월급은 쥐꼬리 만하다(My salary is chicken feed.)'며 투덜거리는 경우가 부지기수입니다. 사람들은 매년 봉급 인상(pay raise)을 요구하지만, 경기 불황 때문인지 요즘 신문에서는 임금 삭감(pay cut)이나 임금 동결(wage freeze)등의 단어가 더 자주 등장하는 것 같습니다.

Union workers agreed to pay cuts yesterday.
노조원들은 어제 임금 삭감에 동의했다.

majority
과반수

'다수'를 뜻하는 majority는 the majority of 형태로 사용돼 '과반수'를 의미합니다. 반대로 '소수'를 말할 때는 minority를 사용합니다.
It was only a minority of people who delayed the process.
(그 과정을 지연시킨 사람들은 소수에 불과했다.)

The majority of the people on the beach are adults.
해변에 있는 그 사람들 중 과반수는 성인이다.

plead guilty
죄를 시인하다

'혐의를 인정하다, 죄를 시인하다'는 plead guilty라고 표현합니다. 반대로 무죄를 주장할 때는 plead innocent(not guilty)라고 말합니다. 참고로 미국에는 '유죄 협상제도(plea bargaining)'가 있습니다. 문자 그대로 유죄를 인정하고 형량을 협상하자는 뜻입니다.

The man pleaded guilty to money laundering.
그 남자는 돈세탁 혐의를 인정했다.

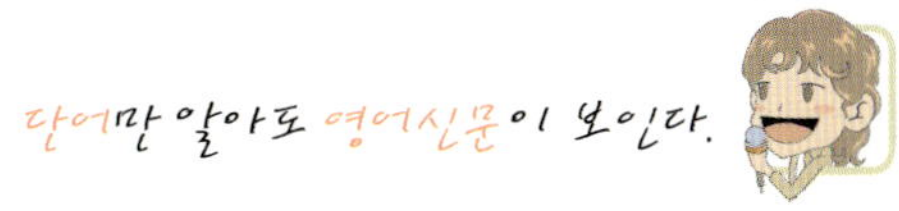

tax haven
조세 피난처

haven은 '피난처, 안식처'를 말합니다. 따라서 tax haven은 세금을 피할 수 있는 '조세 피난처'를 뜻합니다. 조세 피난처는 법인세나 개인소득세에 대해 과세를 하지 않거나 아주 낮은 세율을 적용해 세제상 특혜를 주는 국가나 지역을 말합니다.

The G20 leaders agreed to take sanctions against tax havens.
주요 20개국(G20) 지도자들은 조세 피난국들에 대해 제재 조치를 취하기로 합의했다.

total solar eclipse
개기 일식

달 그림자가 해를 가리는 '일식'은 solar eclipse입니다. 해의 전부가 보이지 않는 '개기 일식'은 total solar eclipse, 일부가 보이지 않는 '부분 일식'은 partial solar eclipse라고 합니다. 또 지구의 그림자가 달을 가리는 '월식'은 lunar eclipse라고 합니다.

Thousands of people observed the total solar eclipse.
수천 명의 사람들이 개기 일식을 관찰했다.

felony
중범죄

살인(murder), 방화(arson) 등의 흉악 범죄, 중범죄는 felony라고 합니다. 음주 운전(drunk driving)같은 경범죄는 misdemeanor 입니다. 또 범죄에 관한 뉴스 중 count가 자주 등장하는 데 이는 범죄의 '건수'를 뜻합니다.

The man was charged with two felony counts of murder.
그 남성은 두 건의 중범죄 살인 혐의가 있다.

정치·경제 사회·문화계
스타들

Antia Roddic

Benedetto XVI

Tony Blair

| 세계에서 가장 아름다운 장관

Maria Carfagna

이탈리아의 미녀 장관 마라 카르파냐. '세계에서 가장 아름다운 장관'으로 꼽힐 정도로 빼어난 미모를 자랑하는 그녀는 "아름다운 외모가 사람들과 빠른 시간 내 관계를 형성하는 데 도움이 된다"며 '미모의 힘'에 대해 이야기했다.

| 말실수의 대가

Joe Biden

말실수의 '대가' 조 바이든 미국 부통령은 멕시코에 신종 플루가 급속도로 확산될 당시 "항공기와 같은 제한된 공간에 있으면 안 된다"고 말해 여행 업계로부터 빈축을 샀다. 그는 또 국가 기밀인 부통령 지하 벙커의 위치를 만천하에 공개하여 논란을 일으키기도 했다.

| 토크쇼의 여왕

'토크쇼의 여왕' 오프라 윈프리는 스탠퍼드 졸업식장에 연사로 등장, '내면의 아름다움과 슬기로움'에 대해 이야기했다. 윈프리는 "살아가는 데 있어 물질적 가치도 중요하지만 내면의 지혜가 훨씬 중요하다"면서 "돈을 가치 있게 쓸 때 비로소 삶이 풍요로워진다"고 힘주어 말했다.

Oprah Winfrey

| 세계 경제는 지금 회복 중

조지 소로스와 워렌 버핏. 두 사람은 글로벌 경기 침체로 우울한 요즘 미국 시장을 비롯한 세계 경제에 대해 장밋빛 전망을 내놓으며 사람들의 시선을 사로 잡았다. 소로스는 "세계 경제가 추락하는 건 멈췄다"고 했으며, 버핏 역시 "장기적으로 보면 경기가 회복될 것으로 보인다"며 낙관적인 견해를 제시했다.

Warren Buffett

정계는 남성 우월주의자들이 판치는 곳이에요.

이탈리아의 미녀 **Secretary** ^{장관} 마라 카르파냐가 '미모의 힘'에 대해 언급했다. 독일 일간지에서 '세계에서 가장 아름다운 장관'으로 꼽을 정도로 빼어난 미모를 자랑하는 카르파냐 평등부 장관은 한 인터뷰에서 "아름다운 외모가 사람들과 빠른 시간 내 관계를 형성하는 데 도움이 된다"고 말했다. 그는 또한 "정계는 **male chauvinist** ^{남성 우월주의자} 들이 판치는 곳"이라면서 "나는 단지 얼굴만 예쁜 사람이 아니라 일도 잘하는 사람이라는 사실을 입증해야 한다"고 말했다.

카르파냐 장관은 남성 잡지의 세미 누드 모델과 **TV presenter** ^{TV진행자} 로 활동하다 정계에 입문했다. 그녀가 장관으로 임명될 당시 언론에서는 "카르파냐가 실비오 베를루스코니 이탈리아 총리와의 **inappropriate relationship** ^{부적절한 관계} 를 등에 업고 장관직에 기용됐다"고 보도하기도 했다. 하지만 일부 사람들은 "**degree in law** ^{법학을 전공} 했고 방송에서도 뛰어난 활약을 한 그녀는 자격이 있다"면서 옹호했다.

The political world is full of male chauvinists.

정계는 남성 우월주의자들이 판치는 곳이에요.

male chauvinist는 남성을 뜻하는 단어 male에 맹목적 애국주의자를 의미하는 chauvinist (쇼비니스트)가 결합해 '남성 우월주의자'를 의미합니다.

As a politician, do you think your beautiful appearance works to your advantage?

아름다운 외모가 정치인으로 활동하는 데 유리하게 작용한다고 생각하시나요?

Being pretty helps you make relationships quickly, and the political world is a segment of society full of male chauvinists. These people do not believe women can be serious and worthwhile politicians.

아름다운 외모가 사람들과 빠른 시간 안에 관계를 형성하는 데 도움이 되는 건 사실이죠. 정계는 남성 우월주의자들이 판치는 곳이에요. 이 사람들은 여성이 진지하고 또 가치 있는 정치인이 될 수 있다고 생각하지 않아요.

What do you think about the popular semi-nude photographs that have been republished?

다시 출판된 세미 누드 사진이 인기가 많은데 어떻게 생각하세요?

The compliments are flattering, but I am so incredibly shocked at my new position. I flit between moments of joy and moments of worry.

칭찬해주시니 기분이 좋네요. 하지만 장관이라는 새로운 위치에서 보니 정말 충격적이기도 했습니다. 한편으론 기쁘고 또 한편으론 걱정되기도 합니다.

Tips & Words

segment 구분, 부분	**flattering** 기쁘게 하는
worthwhile 가치 있는	**flit** (사람, 물건등이) 지나가다, 오가다

Dialogue

A The conservative party leader said female secretaries are just a pretty face.
보수당 당수가 여성 장관들은 그냥 얼굴만 예쁜 사람들에 불과하다고 했어.

B He is such a male chauvinist.
그 사람은 정말 대단한 남성 우월자라니까.

에이즈 환자에 대해 사회적 낙인을 찍는 법률을 바꿔야 합니다.

반기문 유엔 사무총장이 에이즈 관련 **high-level meeting** ^{고위급 회의} 에서 HIV(에이즈 바이러스) 감염자 관련 법안의 개정을 촉구했다.

그는 "일부 국가에서 실시되고 있는 에이즈 환자 여행 금지법과 같은 일련의 규제로 환자에 대한 사회적 낙인과 **prejudice** ^{편견} 이 자리잡게 된다"고 말했다. 또 "에이즈 환자를 비롯해 에이즈 발병 위험이 높은 것으로 알려진 동성애자들에 대한 편견이 이렇게 크게 자리잡고 있다는 사실은 정말 충격적"이라고 덧붙였다.

반 총장은 또한 **global recession** ^{세계적인 경기 침체}, 안보 문제 등 글로벌 이슈를 해결하기 위해서는 **multilateral** ^{다자간} 접근 방식이 필요하다고 말했다. 그는 "미국의 **financial crisis** ^{금융 위기} 가 유럽과 남미의 경제를 뒤흔들지 누가 알았겠느냐?"면서 이런 문제들을 해결하기 위해 세계 각국이 서로 긴밀하게 협력해야 한다고 강조했다.

I call for a change in laws that place a stigma on AIDS patients.

에이즈 환자에 대해 사회적 낙인을 찍는 법률을 바꿔야 합니다.

'낙인(stigma)'의 사전적 의미는 쇠붙이로 만들어 불에 달구어 찍는 도장입니다. 사회적 편견과 차별 등으로 사람들의 가슴에 '불도장'을 쾅쾅쾅 찍는 게 낙인이죠. stigma는 brand란 단어와 함께 '낙인, 오명'이란 뜻을 표현하기 위해 사용됩니다.

What do you do think about travel restriction for AIDS patients?

에이즈 환자에 대한 여행 제한에 대해서 어떻게 생각하세요?

I call for a change in laws that place a stigma and discrimination, including restrictions on travel for people living with HIV.

전 에이즈 환자에 대한 여행 제한 조치를 포함해서 이 사람들에게 사회적 낙인을 찍고 편견을 조장하는 법률을 바꿔야 한다고 생각합니다.

How can we solve global issues such as famine in Africa?

아프리카 기근 문제와 같은 글로벌 이슈들은 어떻게 해결할 수 있을까요?

A new multilateral approach is necessary to prevent hunger and improve health care. The economic crisis demonstrates the world's interdependence in the most visible way.

기아 문제와 보건 문제를 해결하기 위해서는 새로운 다자주의적 접근 방식이 필요합니다. 글로벌 경제 위기 사태는 전 세계 국가들의 상호 의존도를 가장 잘 보여주는 사례입니다.

Tips & Words

restriction 제한 (on)	demonstrate 설명하다, 증명하다
famine 기근	interdependence 상호 의존
multilateral 다자간의	visible 눈에 보이는

Dialogue

A Do you think there is still a stigma associated with mental illnesses?
아직도 정신 질환에 대한 낙인 같은 게 있을까?

B Absolutely. That's why people try to hide that they are taking anti-depressants.
당연하지. 그래서 사람들이 항우울제 복용 사실을 숨기려고 하는 거잖아.

우린 유리 천장을 깰 수 없었어요.

힐러리 클린턴은 과거 버락 오바마와 민주당 후보 자리를 두고 경선을 벌이다 깨끗하게 패배를 concede ^{인정} 하고 물러났다.

당시 클린턴은 패배 수락 연설을 통해 오바마에 대한 공식 지지를 선언했다. 하지만 자신의 대권 도전 실패를 여성에 대한 보이지 않는 차별인 'glass ceiling ^{유리 천장}'에 비유해 묘한 여운을 남기기도 했다.

현재는 미국의 Secretary of State ^{국무부 장관} 으로 전 세계 외교 무대를 누비며 맹활약을 펼치고 있는 클린턴. 소말리아 pirate ^{해적} 과의 전쟁을 선포하는가 하면 북핵 문제에 대해서도 강경한 입장을 취하고 있다.

북한이 미사일을 발사해 국제 사회의 안전을 위협하자 클린턴 국무장관은 "북한은 유엔 안전보장이사회의 결의를 위반하고 국제 사회의 경고를 무시했으며 six-party talks ^{6자 회담} 에서의 합의 사항을 파기했다"고 말하며 "이에 consequence ^{상응하는 대가} 가 있을 것"이라고 경고했다.

We weren't able to shatter the glass ceiling.

우린 유리 천장을 깰 수 없었어요.

glass ceiling(유리천장)은 여성들의 사회 고위직 진출을 가로 막는 '보이지 않는 장벽'을 말합니다. 유리로 되어 있어 겉으로 보기엔 꼭 없는 것 같지만 위로 계속 올라가다 보면 머리에 부닥치게 마련입니다.

Although we weren't able to shatter that highest, hardest glass ceiling this time, it's got about 18 million cracks in it. And the light is shining through like never before, filling us all with the hope and the sure that the path will be a little easier next time.

비록 우리가 이번에는 가장 높고, 단단한 '유리 천장'을 깨트리진 못했지만 (여러분이 주신 1800여 만 표로) 그 안에 1800만개의 균열을 만들었습니다. 또한 그 틈으로 어느 때보다 찬란하게 희망의 빛이 쏟아져 우리를 가득 메울 것입니다. 그래서 다음 번에 우리가 이 길을 가게 되면 그땐 훨씬 더 수월해질 거라고 생각합니다.

What do you think about North Korea's recent missile launch?

최근 북한이 미사일을 발사한 것에 대해 어떻게 생각하십니까?

North Korea has made a choice to violate U.N. Security Council resolutions. It has ignored the international community. There are consequences to such actions.

북한은 유엔 안전보장이사회의 결의를 위반하는 선택을 했습니다. 북한은 국제 사회를 무시했습니다. 이에 상응하는 대가를 치르게 될 것입니다.

Tips & Words

| crack 틈 | resolution 결의안 |
| violate 위반하다 | consequence (어떤 일에 대해) 상응하는 대가 |

Dialogue

A Do you think there is glass ceiling in our company?
우리 회사에 유리 장벽이 있다고 생각해?

B Absolutely. That's why there are no female managers.
당연하지. 그래서 여자 매니저가 없는 거잖아.

경제가 추락하는 건 멈췄어요.

billionaire ^{억만장자} 투자자 조지 소로스는 지난해 미국 양대 국책 모기지 업체인 패니매와 프레디맥에 대해 언급하며 향후 미국 경제에 대한 우려를 표명했다. 소로스는 패니매와 프레디맥은 '유동성 위기'가 아닌 '지급 불능의 위기'를 겪고 있다"며 "우리는 the worst in our life time ^{생애 최악} 의 금융 위기를 겪었다"고 말했다.

최근 소로스는 글로벌 경기 침체와 관련 아시아 지역에 대해 positive outlook ^{낙관적인 전망} 을 내놓았다. 소로스는 "미국 경제도 위기 탈출을 시도하고 있지만 아시아가 훨씬 빠를 것"이라며 "특히 중국의 경우 명실상부한 세계의 '성장 엔진'으로 자리를 확고하게 다져 미국을 overtake ^{따라잡을 것}"이라고 힘주어 말했다.

The economic free fall has been stopped.

경제가 추락하는 건 멈췄어요.

'자유 낙하'를 뜻하는 free fall은 경제에서 '바닥을 모르고 추락하다, 끝없이 추락하다'란 의미로 사용됩니다.

 Could you tell us about the crisis of Freddie Mac and Fannie Mae?

프레디맥과 패니매 위기 상황에 대해 이야기해 주시겠어요?

 Freddie Mac and Fannie Mae have a solvency crisis not a liquidity crisis. The year-long global financial market turmoil represented the most serious financial crisis of our lifetime.

프레디맥과 패니매는 유동성 위기가 아니라 지급 능력 문제를 가지고 있습니다. 한 해 동안 지속된 글로벌 금융 시장의 위기는 우리 생애에서 가장 심각한 금융 위기 사태였습니다.

 Do you think the global financial market is starting to revive?

세계 금융 시장이 다시 살아나고 있다고 보십니까?

 The economic free fall has been stopped, the collapse of the financial system averted. National economic stimulus programs are starting to take effect. And, Asia would be the first region to pull out of the crisis.

경제가 추락하는 건 멈췄고 금융 시스템 붕괴도 막은 것 같습니다. 각 국가들의 경기 부양책도 효과를 나타내기 시작했습니다. 그리고 특히 아시아 지역이 경제 위기에서 가장 먼저 빠져 나올 것으로 보입니다.

Tips & Words

| solvency 지불 능력
| liquidity 유동성

| turmoil 소란, 혼란
| avert 막다, 피하다

Dialogue

A Is our economy picking up?
경기가 좀 살아 나는 것 같아?

B I guess so. Many economists said that the economic free fall has been stopped.
그런 것 같아. 상당 수 경제 전문가들이 경제가 자유낙하(추락) 하는 건 멈췄대.

돈을 쌓아두는 것만큼
끔찍한 일은 없는 것 같아요!

Environmentally friendly 친환경 화장품 회사 보디숍(Body Shop)의 창업주 애니타 로딕 여사가 세상을 떠나면서 1000억 원대 재산을 전부 자선단체에 donate 기부한 사실이 최근 밝혀졌다. 그녀는 살아 생전 두 딸에게 "단 한 푼의 유산도 남기지 않겠다"고 공언한 바 있다.

로딕 여사는 "greedy 탐욕스럽게 돈을 쌓아두는 것만큼 끔찍한 일은 없다"며 물욕을 경계하는 philosophy of life 인생관 을 실천했다.

또한 여성 기업가로 진취적인 삶을 살아온 그녀는 "최고의 대학은 여행"이라고 말할 정도로 여행을 통해 얻는 경험들을 매우 중요하게 여겼다.

그녀는 새로운 곳에 가서 모험을 즐기면서 아이디어를 얻기도 하고 여행에서 발견한 ingredient 재료 를 이용해 친환경 제품들을 만들기도 했다.

The worst thing is greed — the accumulation of money.

돈을 쌓아두는 것만큼 끔찍한 일은 없는 것 같아요.

 I've heard that you established a foundation to donate all of your fortune.

전 재산을 기부하기 위해 재단을 설립하셨다고 들었는데요.

 I told my kids that they would not inherit one penny. The money that we make from the company goes into the Body Shop Foundation, which isn't one of those awful tax shelters, like some in America. The worst thing is greed — the accumulation of money.

아이들에게 돈을 한 푼도 물려주지 않겠다고 얘기했습니다. 회사에서 버는 모든 수익은 보디숍 재단으로 가게 되죠. 저희 재단은 물론 세금 징수를 회피하기 위해 만든 그런 종류의 것은 절대 아닙니다. 미국에는 그런 곳이 일부 있습니다. 돈을 쌓아두는 것만큼 끔찍한 일은 없는 것 같아요.

 Where do you usually get the ideas or inspiration for products?

제품을 위한 아이디어와 영감은 주로 어디에서 얻으세요?

 I've always said that travel is the best university. It entails change, challenge, new ideas and inspirations.

저는 여행이 최고의 대학이라고 항상 이야기합니다. 여행에는 변화와 도전, 새로운 아이디어와 영감이 모두 녹아있어요.

Tips & Words

| inherit 물려받다 | accumulation 축적 |
| greed 탐욕 | entail (결과로서) ~을 남기다, 수반하다 |

Dialogue

A What do you think is the worst thing in the world?
세상에서 가장 끔찍한 게 뭐라고 생각해?

B I really hate greedy entrepreneurs. They are the worst.
난 탐욕스러운 기업가들이 정말 싫어. 그 사람들이 최악인 것 같아.

신앙은 양날의 칼과 같은 것 같아요.

토니 블레어 전 영국 총리가 미국 예일대의 초빙 강사로 강단에 섰다. 블레어 전 총리는 'Faith and Globalization 신앙과 세계화'를 주제로 한 강연에서 "신앙과 세계화는 21세기에 있어 가장 중요한 문제라고 생각한다"고 말했다.

그는 특히 "신앙은 사람들을 악하게 만들기도 하고, 갈등을 해결하기 위한 catalyst 촉매 역할을 하는 등 선행을 위해서도 사용되는 double-edged sword 양날의 칼과 같다"고 설명했다.

한편 블레어 전 영국 총리는 동성애를 반대하는 교황의 완고한 입장에 비판을 가해 눈길을 끌기도 했다. 그는 한 동성애 잡지와의 인터뷰에서 "세대차이가 느껴진다"면서 "전 세계 종교인들은 동성애를 비롯한 다양한 규율과 가치에 대해 다시 생각하고 좀 더 liberal 진보적인 시각으로 재해석해야 한다"고 말했다.

Religious faith can be a double-edged sword.

신앙은 '양날의 칼'과 같아요.

<In his lecture at Yale> 예일대 강연 중

Religious faith can be a double-edged sword, inspiring some people to do harm but also having the potential to ease conflicts.

신앙은 '양날의 칼'과 같은 것 같아요. 사람들이 해로운 일을 하도록 만들기도 하고 반대로 갈등을 완화시킬 수 있는 잠재력도 가지고 있죠.

Can you foresee a situation where we would have a pro-gay Pope?

우리가 먼 훗날에는 동성애자를 지지하는 교황을 볼 수 있다고 생각하세요?

I don't know, is the honest answer. But I think what is interesting is that if you went into any Catholic church, particularly a well-attended one, on any Sunday here and did a poll of the congregation; you'd be surprised at how liberal-minded people were.

잘 모르겠다고 이야기하는 게 제 솔직한 답변일 것 같습니다. 그런데 제가 흥미로운 점 한 가지를 말씀드릴 수 있습니다. 만약에 일요일에 사람들이 많이 찾는 가톨릭 교회에 가서 신도들을 대상으로 설문조사를 하면 의외로 많은 사람들이 진보적인 생각을 가지고 있다는 사실에 깜짝 놀라게 되실 겁니다.

Tips & Words

ease 완화시키다	do a poll 설문[여론]조사를 하다
foresee 내다보다, 예견하다	liberal - minded 진보적인 생각을 가진
congregation 신도	

Dialogue

A Do you think it is better to live in the Internet world?
인터넷 세상에 사는 게 더 좋다고 생각해?

B It can be a double-edged sword considering problems such as ID theft.
(좋은 점도 있지만) ID 도용 같은 문제점도 있으니까 아무래도 '양날의 칼'인 것 같아.

저는 2천만 이라크인들을 해방시킨 것을 가슴 뿌듯하게 생각합니다.

콘돌리자 라이스는 국무장관으로 재직 당시 "사담 후세인 정권을 overthrow ^{전복} 시키기 위해 이라크를 invade ^{침공} 한 것은 참 '자랑스러운 일'이라며 이라크전을 적극 옹호하는 발언을 했다. 라이스 장관은 비록 미군을 비롯해 많은 소중한 사람들이 목숨을 잃었지만 전쟁을 통해 이라크의 상황이 호전되었다는 입장.

이는 전쟁의 정당성을 비롯, 미국 경제에 막대한 손실을 입힌 실패한 전쟁이란 다수의 의견에 정면으로 반박하는 견해로 라이스의 강경 conservative ^{보수} 성향을 잘 보여준다. 그녀는 퇴임 후에도 강경 hawk ^{매파} 의 모습을 그대로 보여주었다.

한번은 초등학교 4학년 학생이 부시 행정부가 terror suspect ^{테러 용의자} 들에게 정보를 얻기 위해 사용한 water-boarding ^{물고문} 등에 대해 묻자 "부시 전 대통령은 미국을 보호하기 위해 할 수 있는 모든 일을 하고자 했다"고 답했다.

I am proud of the liberation of 20 million Iraqis.

저는 2천만 이라크 인들을 해방시킨 것을 가슴 뿌듯하게 생각합니다.

be proud of~는 '~을 자랑스럽게 생각하다'란 뜻입니다.
I am very proud of you. (난 네가 정말 자랑스러워.)

What do you think about the Iraq war?

이라크 전에 대해 어떻게 생각하십니까?

I am proud by the decision of this administration to overthrow Saddam Hussein. I am proud of the liberation of 20 million Iraqis.

저는 우리 정부가 사담 후세인을 타도하기 위해 내린 결정을 자랑스럽게 생각합니다. 저는 또한 2천만 이라크 인들을 해방시킨 것을 가슴 뿌듯하게 생각합니다.

Let me just say that former President Bush was very clear that he wanted to do everything he could to protect the country.

부시 전 대통령은 분명히 우리나라를 지키기 위해 할 수 있는 모든 걸 하고자 했다는 사실을 말씀드리고 싶습니다.

After September 11, we wanted to protect the country. But he was also very clear that we would do nothing that was against the law and obligations internationally.

9·11 테러 발생 이후 우리는 국가를 지키고자 했습니다. 하지만 부시 전 대통령은 우리가 절대로 법이나 국제적인 준수사항들을 어기는 일이 없도록 했습니다.

Tips & Words

| administration 행정부 | liberation 해방 |
| overthrow 무너뜨리다, 전복시키다 | obligation 의무, 책임 |

Dialogue

A Did you hear that the CIA used water-boarding in the interrogation of a terror suspect?

CIA가 한 테러 용의자 심문 과정에서 물고문을 사용했다는 얘기 들었어?

B Yes, the suspect was water-boarded 183 times because he was believed to be the mastermind behind the 9·11.

응, 그 용의자가 9·11 배후 세력으로 지목돼서 183번이나 물고문을 당했대.

※ **mastermind** 주모자

정말 대단한 남성 우월자야.

동성애에 대해 부정적인 인식이 있다는 게 확실해.

우리 회사에 유리 장벽이 있다고 생각해?

경제가 추락하는 건 멈췄어요.

세상에서 가장 끔찍한 게 뭐라고 생각해?

양날의 칼인 것 같아.

난 네가 정말 자랑스러워.

자신 있게 말해 볼까?

voyeur
관음증 환자

미국 인기 리포터의 누드 몰래 카메라 동영상이 인터넷에 유포돼 논란이 된 적이 있습니다. 리포터가 호텔방 안에서 옷을 벗는 모습을 몰래 촬영한 것으로 관음증 환자의 소행이었습니다. 관음증은 voyeurism, 관음증 환자는 voyeur라고 합니다.

A voyeur secretly videotaped the popular reporter changing clothes in her hotel room.
인기 리포터가 호텔방에서 옷을 갈아있는 모습을 한 관음증 환자가 몰래 비디오로 촬영했다.

entrepreneur
기업인, 사업가

'기업인, 사업가'는 entrepreneur 또는 businessman이라고 합니다. 특히 entrepreneur에는 '혁신적인, 모험적인 창업자'라는 의미가 담겨 있습니다. '기업, 회사'를 지칭하는 가장 일반적인 단어는 company입니다. corporation은 '법인' firm은 law firm(법률 회사)을 말할 때 주로 쓰이며 자회사는 subsidiary, 계열사는 affiliate이라고 합니다.

Many entrepreneurs are often under stress.
많은 기업가들은 스트레스를 자주 받는다.

degree
학위

학위는 degree라고 합니다. 학사 학위는 bachelor's degree, 석사 학위는 master's degree 그리고 박사 학위는 doctor's degree(= doctorate)라고 합니다. 또 학부생은 undergraduate, 대학원생은 graduate(= grad) student라고 말합니다.

He earned his bachelor's degree in business administration.
그는 경영학 학사 학위를 받았다.

incest
근친상간

2008년 오스트리아에서 친딸을 지하실에 24년간 감금한 채 성폭행하고 7명의 자녀까지 둔 인면수심 아버지에 관한 소식이 전해져 전 세계가 발칵 뒤집혔던 일이 있었습니다. 이 남성은 근친상간(incest), 강간(rape) 등의 혐의로 종신형을 선고 받고 현재 복역 중입니다.

The Austrian father who committed systematic incest was sentenced to life imprisonment.
근친상간을 계획적으로 저지른 그 오스트리아인 아버지는 종신형을 선고 받았다.

moom landing
달 착륙

1969년 미국의 아폴로 11호를 타고 인류 최초로 달 착륙(moon landing)을 이뤄낸 지 어느덧 40년이란 세월이 흘렀습니다. 달에 첫발을 내디딘 우주 비행사(astronaut) 닐 암스트롱은 "이것은 한 인간에게는 작은 걸음이지만 인류에게는 커다란 도약이다 (That's one small step for (a) man, one giant leap for mankind.)"라는 유명한 말을 남겼습니다.

Some scientists came together to celebrate the 40th anniversary of the moon landing.
몇몇 과학자들이 달 착륙 40주년을 축하하기 위해 모였다.

reputataion
명성, 평판

명성, 평판은 reputation이라고 합니다. '~ 평판을 가지고 있다, ~ 평판이 나있다'라고 표현할 때는 have[earn] a reputation이라고 합니다. 또 '명성에 흠이 가다, 타격을 입다'라는 말을 할 때는 damage[taint, tarnish] one's reputation이라고 말합니다.

The scandal severely damaged his reputation.
그 스캔들은 그의 명성을 심각하게 손상시켰다.

핵무기 없는 세상을 만들겠다는
오바마의 노력은 공허한 외침에 불과하죠.

존 볼턴 전 유엔 주재 미국 대사가 버락 오바마 미국 대통령이 주장하는 '핵무기 없는 세상'은 hollow ^{공허한} 외침에 불과하다고 말했다.

부시 행정부 시절 미국의 대표적 네오콘(neocon)으로 북핵 문제에 강경한 입장을 드러냈던 존 볼턴은 "핵무기 없는 세상은 모든 사람들이 바라는 ultimate ^{궁극적인} 바람이지만, 동시에 이뤄질 수 없는 unrealistic ^{비현실적인} 목표"라고 일축했다.

볼턴은 "핵무기는 사자가 양과 함께 누워서 잠드는 그런 날이 오면 모를까 오랫동안 사라지지 않을 것"이라고 말했다. 그는 북한과 이란이 핵무기를 개발하고 있는 상황에서 오바마 대통령이 nuclear-free world ^{핵무기 없는 세상} 을 주장하는 건 지나치게 idealistic ^{이상적인} 생각이라고 지적했다.

Obama's effort to make a nuclear-free world rings hollow.

핵무기 없는 세상을 만들겠다는 오바마의 노력은 공허한 외침에 불과하죠.

무언가 울리는데(ring) 속이 텅 빈 것처럼(hollow) 공허하게 울릴 때 ring hollow(공허한 외침)이라고 표현합니다.

 **What do you think about president Obama's goal to make a nuclear-free world?**

핵무기 없는 세상을 만들겠다는 오바마 대통령의 목표에 대해 어떻게 생각하세요?

 Obama's goal of a nuclear-free world was everyone's ultimate ambition. I don't think it's realistic to think nuclear weapons will disappear for a long, long time, not until the lion lays down with the lamb.

핵무기 없는 세상을 만들겠다는 오바마의 목표는 모든 사람들이 궁극적으로 바라는 점이죠. 하지만 저는 사자가 양과 함께 누워서 잠드는 그런 날이 오면 모를까 핵무기를 아주 오랫동안 사라지게 만든다는 건 비현실적이라고 생각합니다.

Obama's effort rings hollow given North Korea's increasing belligerence — launching a nuclear-capable missile — and Iran's suspected pursuit of a bomb.

북한이 핵미사일을 발사하는 등 군사력을 확대하고 이란의 핵폭탄 제조가 의심되는 상황에서 오바마의 이런 노력은 공허한 외침에 불과합니다.

Tips & Words

neocon 신보수주의자 (= neo-conservative)	**nuclear-capable** 핵무기로 만들 수 있는
given ~을 감안할 때, ~고려할 때	**pursuit** 추구
belligerence 호전성, 전쟁 행위	

Dialogue

A The government's claim that the national financial crisis is over rings very hollow.
국가 금융 위기가 끝났다는 정부의 주장은 정말 공허한 외침인 것 같아.

B No doubt. Even three big companies went bankrupt in the first half of this year.
맞아. 대기업이 세 곳이나 올해 상반기에 파산했는데 말이야.

슬기로움이 재산보다 더 중요해요.

4,700명의 스탠퍼드 대학 graduate ^{졸업생} 이 '토크쇼 여왕'의 연설을 듣기 위해 모였다.

미국 유명 토크쇼 진행자 오프라 윈프리가 스탠퍼드 대학의 졸업식에서 con-gratulatory address ^{축사} 를 했다. 윈프리는 학생들에게 인생의 교훈에 대해 언급하며 "살아가는 데 있어 돈은 물론 중요하다. 나도 돈을 좋아한다. 하지만 물질적인 wealth ^{재산} 보다 inner wisdom ^{내면의 슬기로움} 이 훨씬 중요하다"고 말했다.

특히 enrich your spirit ^{정신을 살찌우는 길} 이 결국 성공으로 향하는 길이라고 강조했다. 그녀는 "단순히 돈을 많이 가지고 있다고 해서 automatically ^{자동적으로} 성공하는 삶을 사는 사람이 되는 건 아니다" 라면서 "돈을 가치 있게 쓸 때 비로소 삶이 풍요로워진다"고 힘주어 말했다.

Inner wisdom is more precious than wealth.

슬기로움이 재산보다 더 중요해요.

우리 마음 속에 있는 지혜, 슬기로움을 inner wisdom이라고 표현할 수 있습니다.
물질적인 재산은 wealth 또는 material wealth라고 합니다.

<In her speech at Stanford> 스탠포드 대학 연설 중

Trust me; I know that inner wisdom is more precious than wealth. Money is pretty nice. I like money. It's good for buying things. But having a lot of money does not automatically make one a successful person.

제가 자신 있게 말씀 드리는데 내면의 슬기로움이 물질적인 재산보다 훨씬 중요합니다. 돈은 정말 좋아요. 물건들을 살 수 있으니까 말이죠. 하지만 돈이 많다고 해서 자동적으로 성공적인 사람이 되는 건 아니에요.

How do you define a successful and meaningful life?

성공한, 의미 있는 삶에 대해 어떻게 정의를 내리시겠어요?

What you want is money and meaning - you want your work to be meaningful, because meaning is what brings the real richness to your life. What you really want is to be surrounded by people you trust and by people who cherish you. That's when you're really rich.

여러분이 원하는 건 돈과 의미가 함께 하는 거잖아요. 여러분이 하는 일이 의미 있게 되도록 말이죠. 왜냐하면 그런 의미야말로 여러분의 삶을 진정으로 풍요롭게 만들어 줄 테니까요. 여러분이 정말 원하는 건 여러분을 신뢰하는 사람들 속에 있는 것이고 또 여러분을 소중하게 여기는 사람들과 함께 하는 거죠. 그때가 여러분이 정말로 부자가 되는 순간이에요.

Tips & Words

| precious 귀중한 | cherish 소중히 여기다 |
| richness 풍요로움, 부유 | |

Dialogue

A Don't you think money is the most important thing in life?
인생에서 돈이 가장 중요하다고 생각하지 않아?

B You speak like a materialist. I believe inner wisdom is more precious than material wealth.
물질 만능주의자처럼 얘기하네. 내 생각엔 슬기로운 지혜가 물질적인 재산보다 더 중요한 것 같아.

이제는 아프리카가 나아갈 차례!

콜린 파월 **the former US Secretary of State** ^{전 미 국무장관} 이 '힙합 가수'가 되어 돌아왔다. 파월은 영국 런던에서 열린 '떠오르는 아프리카 축제(Africa Rising Festival)'에 참석해 멋진 공연을 선보였다. **suit** ^{양복} 을 말쑥하게 차려 입은 파월 전 장관은 예상을 뒤엎는 힙합 춤과 노래를 선보이며 축제의 분위기를 한껏 고조시켰다.

그는 축제에 참석한 사람들을 향해 "나는 하늘에서 뚝 **drop** ^{떨어진} 사람이 아니다. 내 선조들은 **slave** ^{노예} 사슬에 묶여서 온 사람들"이라고 말하며 아픈 역사에 대해서도 이야기했다. 또 아시아와 동유럽 지역의 발전상에 대해 이야기하면서 "이제는 **It's Africa's turn** ^{아프리카의 차례}"라고 힘주어 말했다.

흑인 최초로 국무장관을 역임한 파월은 아프리카 대륙의 발전을 축하하는 이번 행사에서 새로운 모습을 선보이며 다시 한 번 흑인의 자긍심을 높였다.

It's Africa's turn to go forward!

이제는 아프리카가 나아갈 차례!

 How do you feel about participating in the Africa Rising Festival?

'떠오르는 아프리카' 축제에 참가하신 소감이 어떠세요?

 I stand before you tonight as an African-American. It took a lot of people **struggling** to bring me to this point in history.

저는 오늘 여러분 앞에 아프리카계 미국인으로 서 있습니다. 제가 이 자리에 오기까지 역사를 되돌아보면 정말로 많은 사람들의 노고가 있었습니다.

 Is it still necessary to emphasize the racial background of **prominent** African-Americans?

사회에서 두각을 나타내는 아프라카계 미국인들이 인종적인 배경을 여전히 강조할 필요가 있다고 보십니까?

 Many people have said to me, you became Secretary of State of the U.S.A., is it still necessary to say that you are an African-American or that you are black; and I said "Yes" so that we can remind our children.

많은 사람들이 제게 말했습니다. 미국 국무장관이 되었지만 그래도 여전히 당신이 아프리카 계 흑인 출신, 또는 흑인이라고 언급할 필요가 있느냐고 말이죠. 그래서 "네"라고 대답했습니다. 그래야 우리 아이들에게 기억시킬 수가 있으니까 말이죠.

Tips & Words

| struggling 애쓰는, 분투하는 | drop 떨어지다, 탈락하다 |
| prominent 두드러진, 현저한 | |

Dialogue

A Now it is your turn to pay for dinner.
이번엔 네가 저녁 살 차례야.

B But, didn't I foot the bill the day before yesterday?
그런데 내가 그저께 사지 않았나?

미래엔 시간 여행이 가능할까요?

세계적인 물리학자 스티븐 호킹 박사가 영국 정부의 과학 예산 cut ^{삭감} 정책을 강도 높게 비판했다. 호킹 박사는 8,000만 파운드(약 1,630억원)에 달하는 연구 지원비 삭감으로 인해 젊은 과학도들이 피해를 보는 등 막대한 implication ^{파장} 이 초래될 것이라고 말했다.

천재 physicist ^{물리학자} 인 호킹 박사를 생각하면 떠오르는 한 가지 주제가 있는데 그건 바로 '타임 머신'이다. 사람들이 타임 머신을 타고 시간 여행을 하는 게 가능하냐고 묻자 그는 "타임 머신이 먼 훗날 생길 수도 있지만 아직은 생기지 않았다"고 답했다.

호킹 박사는 "만약에 과학이 더 발전한 미래에서 타임 머신이 발명됐다면 미래인들이 지금 우리가 살고 있는 곳으로 time travel ^{시간 여행} 을 왔어야 하는데 그게 아니지 않느냐"며 타임머신의 가능성을 부정한 바 있다.

Is time travel possible in the future?

미래엔 시간 여행이 가능할까요?

 **What do you think about the government's decision to cut research grants?**

연구 지원금을 삭감하기로 한 정부의 결정에 대해 어떻게 생각하세요?

 This book-keeping error has disastrous implications. There is a possibility that very severe cuts will be made in the grants awarded to UK research groups. These grants are the lifeblood of our research effort: cutting them will hurt young researchers.

정부의 예산 삭감이란 실수는 끔찍한 결과를 낳게 됩니다. 우선 영국의 연구 단체에 제공되는 지원비가 대폭 삭감될 가능성이 있습니다. 이 지원금은 연구하는 데 있어 생명줄과도 같습니다. 이 지원금을 삭감하게 되면 젊은 과학도들이 피해를 입게 될 것입니다.

 **Is there any chance that time travel will ever take place?**

시간 여행을 할 수 있게 될 가능성이 조금이라도 있나요?

 A time machine will be built someday, but has not yet been built, so the tourists from the future cannot reach this far back in time.

타임 머신이 언젠가는 생기겠죠. 하지만 아직까지는 만들어지지 않은 것 같아요. 그래서 미래 세계의 사람들이 타임 머신을 타고 지금 이 세계까지 올 수 없었던 거겠죠.

Tips & Words

implication '내포, 암시'의 뜻을 가지고 있는 단어로 본문에선 정부 예산 삭감이 가져올 '여파, 파장'을 의미하죠.

book-keeping 장부 기록
disastrous 끔찍한
grant 보조금
lifeblood 활력소

Dialogue

A Do you regret that you dumped your first girlfriend?
네 첫 번째 여자친구를 찬 거 후회해?

B Yes, I wish I could take a time machine back 10 years.
응, 타임 머신 타고 10년 전으로 돌아갔으면 좋겠어.

007 영화가 너무
폭력적으로 변했어요.

원로 007 로저 무어(82세)가 "요즘 007 영화는 지나치게 **violent** 폭력적" 이라며 안타까운 마음을 전했다. 시대의 흐름과 **cinemagoer** 영화 관객 의 취향, 영화 흥행 성적 등에 영향을 받아 본드의 모습이 변하는 것이 사실이지만 너무 거칠게 변해가는 것이 슬프다는 얘기. 무어는 또 "사람들에게 햄릿이나 리어왕을 열연한 배우로 기억되면 좋겠지만 제임스 본드로 기억되는 것도 행복하다"며 본드 영화에 대한 애착을 드러냈다.

한편 무어보다 한 발 앞서 제임스 본드 역을 맡아 007 영화의 **basis** 기틀 을 다진 숀 코너리는 〈**Being a Scot** 스코틀랜드인 되기 〉라는 **memoir** 자서전 을 출간, 바쁜 나날을 보내고 있다. 최고의 제임스 본드로 꼽히는 코너리. 향후 계획에 대해 묻자, 그는 "새로운 계획이 무르익고 있는 단계"라며 팬들의 기대감을 자아냈다.

To keep up with the times, James Bond movies has turned so violent.

시대에 맞춰 따라가느라 007 영화가 너무 폭력적으로 변했어요.

What do you think about your legacy as an actor known mostly for playing Bond?

주로 제임스 본드를 연기한 배우로 알려져 있으신데 영화 배우의 업적으로 어떻게 생각하세요?

I am happy to have done it. I would love to be remembered as one of the greatest Lears or Hamlets. But as that's not going to happen I'm quite happy I did Bond.

제임스 본드를 연기할 수 있어서 좋았습니다. 리어왕이나 햄릿을 연기한 배우로 기억되면 좋겠죠. 하지만 그런 일은 없을 테니 전 본드 역할을 맡은 것만으로도 충분히 만족합니다.

But I'm sad that it has turned so violent. That's keeping up with the times, it's what cinemagoers seem to want and it's proved by the box office figures.

그런데 요즘 007 영화는 너무 폭력적으로 변해 버려서 슬픕니다. 물론 시대의 흐름에 맞춰 따라가느라 그렇겠지요. 관객들이 그걸 원하는 것 같기도 합니다. 영화 흥행 성적이 그걸 입증해 주고 있죠.

Tips & Words

| cinemagoer 관객 (= moviegoer) | figure 수치, 계산 |
| box office 매표소 | |

Dialogue

A James got a brand-new cell phone. I think I should also get one.
제임스가 최신 휴대전화를 샀어. 나도 하나 사야겠어.

B Stop trying to keep up with the Joneses. You need to get a job first.
뱁새가 황새 따라가다 가랑이가 찢어지니 그만 둬. 넌 먼저 직장부터 구해야 돼.

'빼앗긴 세대'에 대해 들어 본 적 있나요?

'세계 청년의 날'을 맞아 호주 시드니를 방문한 교황 베네딕토 16세가 호주 정부를 칭찬했다. 교황은 "호주 정부가 과거 Aborigine 애보리진(원주민) 에게 실시한 불합리한 정책 및 행위에 대해 apology 사과 를 표명한 것은 courageous 용기 있는 결정" 이라며 찬사를 보냈다. 이어 "이제 mutual respect 상호 존중 을 바탕으로 한 reconciliation 화해 의 시대가 도래할 것"이라며 새로운 내일에 대한 기대를 내비쳤다. 과거 호주 정부는 원주민 assimilationism 동화정책 이라는 명목으로 원주민 자녀를 부모로부터 강제로 분리해 백인 가정에 입양시키는 등 원주민 탄압 정책을 펼쳤다. 호주 정부는 Stolen Generations 빼앗긴 세대 라고 불리는 이들에 대해 그 동안 사과를 하지 않았다. 하지만 케빈 러드 총리가 사상 처음으로 원주민에게 공식 사과를 표하며 원주민에게 고개를 숙여 눈길을 끌었다.

Have you ever heard of 'Stolen Generations'?

'빼앗긴 세대'에 대해 들어본 적 있나요?

과거 호주 정부는 원주민 '동화정책'이라는 명목으로 원주민 자녀를 부모로부터 강제로 분리해 백인 가정에 입양시켰습니다. '빼앗긴 세대'(Stolen Generations)는 당시 백인 가정에 보내져 길러진 원주민을 말합니다.

<In Pope Benedict XVI's speech for World Youth Day>

교황 베네딕토 16세의 '세계 청년의 날' 연설 중

Thanks to the Australian government's courageous decision to acknowledge the injustices committed against the indigenous peoples in the past, concrete steps are now being taken to achieve reconciliation based on mutual respect.

호주 정부가 과거 호주 원주민들에게 행한 부당한 행동을 인정하는 용기 있는 결정 덕분에 이제 상호 존중을 바탕으로 화해의 시대를 열기 위한 구체적인 조치들이 취해지고 있습니다.

What is the main focus of the new Australian government's Aboriginal policies?

에보리진 원주민 정책과 관련해서 새로운 호주 정부가 어떤 부분에 주력할 것으로 보십니까?

We are seeking to close the gap between indigenous and non-indigenous Australians regarding life expectancy, educational achievement, and economic opportunity.

우리는 원주민과 비원주민들 사이의 평균 수명, 교육적인 성취, 경제적인 기회의 격차를 좁히기 위해 노력할 것입니다.

Tips & Words

indigenous '고유의, 토착의'란 뜻을 가지고 있는 단어로 본문에서는 과거에 백인 이주자들로부터 일방적으로 살해, 축출되는 등 가혹한 탄압을 받은 '호주 토박이' 애보리진(Aborigine)을 지칭하기 위해 사용됐습니다.

courageous 용기 있는

injustice 부정 행위

life expectancy 평균 수명

Dialogue

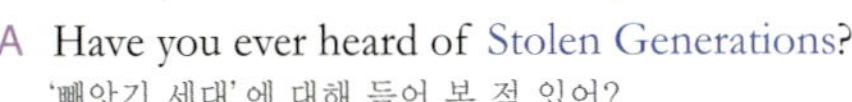

A Have you ever heard of Stolen Generations?
'빼앗긴 세대'에 대해 들어 본 적 있어?

B Yes. They are Aboriginal children who were taken away from their families by the Australian government. It is a dark chapter in Australia's history.
응. 호주 정부가 가족들로부터 강제로 분리시킨 원주민 자녀들이잖아. 그건 정말 호주 역사의 어두운 단면인 것 같아.

경제에 '금융 허리케인'이 불어 닥쳤죠.

'투자의 귀재' 워런 버핏의 '공식 자서전'이 나왔다.

모건 스탠리 애널리스트가 집필한 이번 biography ^{전기} 는 최초로 버핏이 많은 시간을 할애해 그의 인생, 직업 등에 대해 이야기하며 책 제작에 참여한 것으로 알려졌다.

〈The Snowball: Warren Buffett and the Business of Life〉라는 책 제목은 그가 평소 즐겨 쓰던 문구인 "Life is like a snowball. The really important thing is finding wet snow and a really long hill."에서 인용됐다. 인생은 눈뭉치와 같아서 잘 뭉쳐지는 눈과 긴 언덕을 찾는 것이 매우 중요하다는 뜻이다.

한편 '오마하의 현인' 버핏은 얼마 전 "미국 정부가 경제 회복을 도모하기 위해 옳은 길로 가고 있다"면서 "short-term ^{단기적} 으로는 어렵지만 in the long run ^{긴 안목으로 보면} 경기가 회복될 것 같다"며 optimistic ^{낙관적인} 경제 전망을 내놓았다.

The economy had experienced a financial hurricane.

경제에 '금융 허리케인'이 불어 닥쳤죠.

'금융 위기 상황'을 financial hurricane 또는 financial turmoil로 표현할 수 있습니다.

How do you see the future economy?

앞으로의 경기 전망을 어떻게 보세요?

It had been a very extraordinary year and the economy had experienced a financial hurricane. When the American public pulls back the way they have, the government does need to step in. It is the right thing to do.

올해는 정말이지 대단한 해였어요. 경제에 '금융 허리케인'이 불어 닥쳤으니까요. 미국 국민들이 지출을 줄이면 정부가 나서야죠. 그건 올바른 처사예요.

It may be much harder to tame inflation a few years down the road because of the things we're doing now to combat the present severe recession but overall it will look better down the road.

앞으로 몇 년간 인플레이션을 잡기는 훨씬 더 어려울 거예요. 우리가 현재의 극심한 경기 침체를 벗어나기 위해 실시한 것들 때문에 말이죠. 하지만 결과적으로는 앞으로 경기가 더 좋아질 거예요.

Tips & Words

in the long run 긴 안목으로 보면, 결과적으로

pull back 뒤로 물러서다, 지출을 줄이다

tame 꺾다, 길들이다

down the road 앞으로

overall 전반적으로, 대체로

Dialogue

A Will economic situation be better a few years down the road?
몇 년 지나면 경제 상황이 좀 나아질까?

B Who knows? But, I think it wouldn't be worse than now.
누가 알겠냐? 하지만 내 생각엔 지금보다 나빠질 것 같진 않아.

말실수가 잦은
조 바이든 미국 부통령

verbal blunder 말실수 가 잦기로 유명한 조 바이든 미국 부통령이 신종 플루가 멕시코에서 확산되고 있을 당시, 한 방송에 출연해서 거침없는 이야기를 쏟아내 곤욕을 치렀다.

바이든 부통령은 "가족들이 commercial airliner 민간 항공기 로 멕시코 여행을 간다면 뭐라고 조언하겠느냐"는 질문에 "항공기처럼 공간이 confined 제한된 곳이나 sneeze 재채기 를 하는 사람 옆에는 가지 말라고 하겠다"고 답했다. 그는 또 지하철과 같은 public transportation 대중교통 수단의 이용도 삼가하도록 당부하겠다고 덧붙였다.

부통령의 이런 답변은 질병 통제 센터(CDC)를 비롯해 보건 당국이 권고하는 신종 플루 사전 예방 조치의 범위를 벗어난 것이었다. 방송이 나가자 항공 업계에서는 "부통령이 공포심을 조장하는 발언을 했다"며 불만을 표했다.

Joe Biden's verbal blunders.

말실수가 잦은 조 바이든 미국 부통령.

If a member of your family said, I want to go on a commercial airliner to Mexico, what would you say?

가족 중에 한 명이 민간 항공기를 타고 멕시코로 가고 싶어 한다면 뭐라고 이야기해 주시겠어요?

I would tell members of my family, I wouldn't go anywhere in confined places now. It's not that it's going to Mexico, it's you're in a confined aircraft. When one person sneezes it goes all the way through the aircraft. That's me.

저라면 지금 같은 상황에서는 어떤 제한된 공간에도 가지 않을 것이라고 가족들에게 이야기할 것 같습니다. 멕시코에 가는 게 문제가 아니라 비행기같이 제한된 공간 안에 있는 게 문제입니다. 한 사람이 재채기라도 하면 (기침 파편이) 비행기 전체로 퍼질 테니까요. 저는 그렇게 생각합니다.

If you're out in the middle of a field when someone sneezes, that's one thing. If you're in a closed aircraft or closed car or closed classroom, it's a different thing.

또 누군가 재채기를 할 때 여러분이 들판 한복판에 서 있는 것과 비행기나 자동차, 교실 안처럼 막힌 공간에 있는 건 다르다는 거죠.

Tips & Words

verbal 음성의, 말로 표현하는

confined 제한된

in the middle of ~의 중앙에

Dialogue

A Did Joe Biden blunder again?
조 바이든 부통령이 또 실수를 한 거야?

B Yeah. He revealed the secret location of the Vice Presidential bunker.
응. 바이든 부통령이 부통령 비밀 벙커의 위치를 발설했어.

정부의 주장은 공허한 외침인 것 같아.

내면의 슬기로움이 재산보다 더 중요해.

네가 말할 차례야.

가까운 미래에 시간 여행이 가능할까요?

뱁새가 황새를 따라가면 다리가 찢어진다.

'빼앗긴 세대'에 대해 들어 본 적 있어?

경제에 '금융 허리케인'이 불어 닥쳤죠.

그가 또 실수한 거야?

자신 있게 말해 볼까?

autopsy
부검

사인을 알아보기 위해 시체를 해부해서 검사하는 부검은 autopsy 입니다. 참고로 영안실은 morgue, 검시관은 coroner라고 합니다.

An autopsy will be performed next week.
부검은 다음주에 이루어질 예정이다.

bullying
집단 따돌림, 왕따

소위 '왕따'라고 불리는 집단 따돌림은 bullying이라고 합니다. '따돌림을 당하다, 왕따 당하다'는 be bullied라고 말하고, 괴롭힘을 당하는 사람을 a victim of bullying이라고 합니다.

He has been the victim of bullying.
그는 집단 따돌림을 당해왔다.

cutting-edge
최첨단의

날카로운 칼의 끝, 가장 날카로운 부분을 뜻하는 cutting-edge 는 기술, 정보 통신 분야에서 '최첨단의'란 뜻으로 자주 사용됩니다. advanced, state-of-the-art, sophisticated 도 같은 뜻입니다. 반대로 old-fashioned, out-of-date 등은 구식의, 낡은 이란 뜻입니다. My dad is too old-fashioned. (우리 아빠는 정말 구식이다)

The company has fallen behind in cutting-edge technologies.
그 회사는 최첨단 기술면에서 뒤쳐져 있다.

defendant
피고

소송을 제기한 원고는 plaintiff, 반대로 소송을 당한 피고는 defendant라고 합니다. 변호인, 대리인은 lawyer 또는 attorney, 검사는 prosecutor, 판사는 judge입니다. 또 일반 시민들로 구성된 배심원단은 jury, 증인은 witness, 용의자는 suspect입니다.

The ring was found on the defendant when he was searched by the police.
경찰이 그의 몸을 수색했을 때 반지가 피고한테서 발견됐다.

shooting rampage
총기 난사

총기 난사는 '난동'이란 뜻을 가진 rampage를 사용해 shooting rampage 또는 '흥청망청 쓰다'라는 의미의 단어 spree를 사용해서 shooting spree라고 말합니다. 참고로 '흥청망청 쇼핑하는 것'은 shopping spree라고 합니다

A man went on a shooting rampage at a care home killing three women and injuring six others.
한 남성이 요양원에서 총기를 난사해 세 명의 여성이 숨지고 여섯 명이 다쳤다.

credit
신용, 공로

credit에는 '신용, 신뢰'라는 뜻이 있습니다. 그래서 신용카드는 credit card입니다. 참고로 직불카드는 debit card라고 합니다. credit에는 '공로'라는 뜻도 있습니다. give something/someone credit for가 되면 '~에 대한 공로를 ~에게 돌리다'란 의미가 됩니다.

I give all the credit for my success to him.
내 성공에 대한 모든 공로를 그에게 돌린다.

과감한 도전
자신만만 스타들

Britney Spears

Susan Sarandon

Will Smith

Jamie Foxx

음악 신동으로의 변신

전설적인 맹인 재즈 가수 레이 찰스를 멋지게 연기했던 제이미 폭스가 정신 분열증에 시달리는 음악 신동으로 변신했다. 영화 〈솔로이스트〉에서 천재 음악가 나다니엘 에이어스 역을 맡은 폭스는 특히 정신 분열 증세를 겪으며 거리에서 노숙자 생활을 했던 주인공의 내면 세계를 표현하기 위해 노력했다.

Daniel Radcliffe

브로드웨이에 진출하다

귀여운 소년 '해리포터'가 성숙한 남자로 돌아왔다. 영화 〈해리포터〉시리즈로 유명한 배우 대니엘 래드클리프는 연극 〈에쿠우스 Equus〉의 주인공으로 미국 브로드웨이에 성공적으로 진출했다. 〈에쿠우스〉는 래드클리프가 나체 연기를 선보여 화제가 된 작품이다. 그는 "막상 공연 날이 되니까 무대에 나가기 전부터 두려웠다"고 말했다.

흑인 원더우먼 등장

미국 톱가수 비욘세 놀즈가 '흑인 원더우먼'이 되고 싶다는 뜻을 밝혔다. 그녀는 박물관에 진열된 린다 카터의 70년대 오리지널 원더우먼 의상을 보고 홀딱 반해 영화 관계자들을 만나 "강력한 파워를 자랑하는 흑인 원더우먼이 등장할 때가 되지 않았냐?"는 이야기를 한 것으로 전해졌다.

Beyonce

모기떼 난동 사건

공식 은퇴 후 자선사업가로 변신한 빌 게이츠 전 마이크로소프트 회장이 강연 중 갑자기 유리병을 열어 모기떼를 풀었다. 말라리아에 대한 경각심을 일깨우기 위해 '깜짝쇼'를 준비한 것. 게이츠는 "말라리아는 모기에 의해 전염되는데, 왜 가난한 사람들만 말라리아에 걸려야 하느냐"고 말했다.

Bill Gates

천재 음악가가
정신 분열증에 시달렸어요.

전설적인 맹인 재즈 가수 레이 찰스를 멋지게 연기했던 제이미 폭스가 schizo-
phrenia 정신 분열증 에 시달리는 음악 prodigy 신동 으로 변신했다.

영화 〈솔로이스트 The Sololist〉에서 천재 음악가 나다니엘 에이어스 역을 맡은
폭스는 특히 정신 분열 증세를 겪으며 거리에서 homeless 노숙자 생활을 했던 주
인공의 내면 세계를 표현하기 위해 많은 시간을 할애한 것으로 전해졌다.

그는 심지어 에이어스의 모습을 realistic 사실적으로 담아내기 위해 앞니 사이를 벌려
gap 틈 을 만들기도 했다. 폭스는 "자신의 치아는 너무 크고 하얗다"면서 "피아
노 건반같이 가지런한 자신의 치아를 좀 개성있게 바꾸고 싶었다"고 말했다.

The music prodigy suffered from schizophrenia.

천재 음악가가 정신 분열증에 시달렸어요.

Why did you make a gap between your teeth?

왜 치아 사이에 틈을 만드셨나요?

My teeth are just so big and white — a homeless person would never have them. I wanted to break up my big shining piano keys to give them a little character. I put a gap in my teeth. And, I spent hours getting the nuances of the person, making him real.

제 치아는 너무 크고 하얘요. 노숙자는 절대로 이런 치아를 가질 수 없죠. 반짝이는 피아노 건반 같은 제 이를 벌려서 좀 개성 있게 하고 싶었어요. 그래서 이 사이에 틈을 만들었죠. 또 주인공의 미묘한 감정을 표현하기 위해 많은 시간을 쏟아 부었어요. 사실적으로 표현하고 싶어서요.

We're all a little crazy in Hollywood but going to the edge was really scary. The character hears voices in his head, and I had to submerse myself into that state. There were some scary moments.

할리우드에 있는 사람들 모두 조금씩은 이상한 면을 가지고 있어요. 하지만 그 끝은(극한에 이르는 건) 정말 두려워요. 영화 속 주인공은 머릿속에서 여러 명의 목소리를 들어요. 저 역시 그 상태로 빠져들어야 했어요. 정말로 섬뜩한 순간들도 있었죠.

Tips & Words

prodigy 신동

nuance 뉘앙스(표현, 감정, 의미 등의 미묘한 차이)

edge 가장자리, 끝

submerse 담그다, 빠뜨리다

Dialogue

A   Do you know why Emma's younger sister was hospitalized five times during the past two years?

에마 여동생이 지난 2년 동안 다섯 번이나 병원에 입원했는데 왜 그런지 알아?

B   Because her sister, who suffers from schizophrenia, has attempted to committed suicide several times.

동생이 정신 분열증을 앓고 있는데, 몇 번이나 자살 시도를 해서 그래.

공연 마지막 날 밤까지
긴장될 것 같아요.

귀여운 소년 '해리포터'가 mature ^{성숙한} 남자로 돌아왔다. 영화 〈해리포터〉 시리즈로 유명한 배우 대니얼 래드클리프는 연극 〈에쿠우스 Equus〉의 주인공으로 미국 브로드웨이에 성공적으로 진출했다. 〈에쿠우스〉는 래드클리프가 naked ^{나체} 연기를 선보여 화제가 된 작품이다.

그는 "사전 공연을 했기 때문에 떨리지 않을 것 같았는데 막상 공연 날이 되니까 무대에 나가기 전부터 terrified ^{두려웠다}"고 말했다. 하지만 "이런 jitters ^{긴장감} 은 연극에 없어서는 안 될 vital ^{중요한} 요소인 것 같다"며 "긴장감 덕분에 연극이 더욱 활기차고 또 매번 새로운 무대가 연출되는 것 같다"고 전했다.

critic ^{비평가} 들은 이번 작품에서 보여준 래드클리프의 연기에 대해 "캐릭터에 완전히 몰입했다"며 극찬했다. 에쿠우스는 영국의 17세 소년이 말 여섯 마리의 눈을 쇠꼬챙이로 찔러 멀게 한 실화를 바탕으로 한 작품으로 한 psychiatrist ^{정신과 의사} 가 소년을 치료하면서 벌어지는 이야기를 다루고 있다.

The jitters should be there till the last night of performing.

공연 마지막 날 밤까지 긴장될 것 같아요.

jitters는 '긴장감, 초초함'이란 뜻입니다.
I always get the jitters before an interview. (인터뷰 전에는 항상 긴장된다.)

 Are you nervous when you get on the stage?

무대에 서면 떨리시나요?

 It was funny because tonight I didn't expect to be nervous because we've done all the previews, we've had all the critics here. I thought, 'Oh, we'll do it tonight, it won't be so bad'. But I was terrified before we went out.

정말 우스워요. 사전 공연을 전부 마쳤고 비평가들에게 평가도 받았기 때문에, 오늘 밤 긴장될 거라고 생각하지 않았어요. 그냥 오늘 밤에 연극을 하는 거고, 뭐 크게 나쁜 일은 없겠지 정도로 생각했어요. 하지만 무대에 나가기도 전에 덜컥 겁이 났어요.

The jitters should be there till the last night of performing — because the jitters are what get you on stage. It's the nerves that make it exciting and make every show different.

긴장감은 연기가 끝나는 마지막 날 밤까지 계속될 것 같아요. 왜냐하면 긴장감은 무대에 오르면 생기는 거니까요. 이런 긴장감이 공연을 더욱 흥미롭게 만들고 또 매번 새로운 무대를 만들어 주는 것 같아요.

Tips & Words

| **naked** 나체의 | **critic** 비평가, 평론가 |
| **preview** 미리 보기, 사전 검토 | |

Dialogue

A Have you gotten the jitters before speaking in front of a large group?
많은 사람들 앞에서 이야기하기 전에 긴장된 적 있어?

B Yes, I have. When I participated in an English-speaking contest last year, I was extremely nervous and had sweaty palms.
응, 작년에 영어 스피치 콘테스트 나갔을 때, 정말 떨려서 손에서 땀이 날 정도였어.

문신하는 데 나이가
무슨 상관이에요?

할리우드 연기파 배우 수잔 서랜던이 멋진 '바디 아트'를 등에 업고 등장했다. 서랜던은 wrist 손목 과 등에 자녀 이름의 이니셜을 이용해 문신을 새겨 넣었다. 서랜던은 "나이 들었다고 tattoo 문신 을 못할 게 뭐냐?"며 얼마 전 "손목과 등 뒤에 문신을 새겨 넣었다"고 말했다.

몸에 많은 문신을 새기는 할리우드 스타들. 그 중에서도 축구 선수 데이비트 베컴과 영화배우 안젤리나 졸리는 아이들의 이름을 문신으로 새겨 넣은 것으로 유명하다. 이제 이 대열에 서랜던도 합류했다. 다만 차이가 있다면 **She is twice their age** 그녀의 나이가 다른 두 사람보다 두 배나 많다는 사실.

환갑을 훌쩍 넘긴 나이에도 **wrinkle-free** 주름살 하나 없는 피부와 생기 있는 모습이 여전히 매력적인 서랜던. **youthful look** 동안 의 비결이 뭐냐고 묻자 "젊은 남편과 살아서 그런 것 같다"며 너스레를 떨었다. 그녀의 남편은 영화 〈쇼생크 탈출〉로 유명한 배우이자 감독인 팀 로빈스로 서랜던보다 12살 연하이다.

You're never too old for a tattoo?

문신하는 데 나이가 무슨 상관이에요?

When did you get the tattoos?

문신 언제 하신 거예요?

I got my first tattoos recently. One around my wrist reads 'E' and 'A'. And I have a big one on my back which is my kids' initials intertwined. It's on my back so I don't see it but I know they are always there.

최근에 처음으로 문신을 했어요. 손목 주변에 알파벳 'E'하고 'A'를 새겼죠. 그리고 등에다가 아이들 이름의 앞 글자가 연결된 모양으로 큰 문신을 했어요. 등뒤에 있어서 볼 수는 없지만 그 자리에 있다는 건 항상 기억하고 있어요.

What is the secret of your youthful look?

동안의 비결이 뭐예요?

I have a young husband, I have young kids. I don't smoke, I have lots of water, do a fair amount of activity.

젊은 남편이 있고, 아이들도 어려서 그런 것 같아요. 또 담배를 피우지 않고, 물을 많이 마시고 또 운동도 꽤 하는 편이죠.

Tips & Words

back (사람의) 등	**youthful** 젊은, 발랄한
intertwined 뒤얽힌	**a fair amount of** 꽤 많이

Dialogue

A Do you think I am too old to go to college?
내가 대학 가기엔 나이가 너무 많은 걸까?

B You're never too old to learn. Give it a try
배움에 나이가 무슨 상관이야. 한번 도전해 봐.

운동 실력 하나는 타고 났어요.

"crawl 기어서라도 결승선에 도착할 각오가 되어 있어요."

팝스타 제니퍼 로페즈가 triathlon 철인3종경기 도전을 성공적으로 마쳤다. 결승선에 기어서라도 가겠다며 당찬 포부를 밝혔던 그녀는 경기를 마친 후 "정말로 멋진 하루였다"며 smile broadly 활짝 미소 지었다.

로페즈는 미국 캘리포니아 말리부에서 열린 철인3종경기에서 수영 800m, 사이클 26.8km, 마라톤 7.2km를 달리는 코스를 2시간 23분 38초의 기록으로 완주했다.

그녀는 TV 시청 중 running 육상 · 수영 · 사이클링으로 구성된 철인3종경기를 보고 '바로 저거다'라고 생각했다면서 아이들에게 강인한 어머니의 모습을 보여주고 싶었다고 말했다.

이번 대회는 특히 LA에 있는 어린이 병원에 전달할 기부금을 모으기 위해 마련된 자선 행사로 로페즈는 경기 참가를 통해 12만 7000달러(약 1억 6300만원)의 기금을 raise 마련 했다.

She is a natural athlete.

운동 실력 하나는 타고 났어요.

How did you decide to participate in the triathlon?

어떻게 해서 철인3종경기에 출전하기로 결심하게 되셨나요?

The idea came up when I was about eight months' pregnant. I was watching TV and I saw a triathlon, and I said, I think I could do that. That would be great for me to do. And of course everybody told me I was crazy.

제가 임신 8개월쯤 됐을 때 처음 생각하게 됐어요. 텔레비전에서 철인3종경기를 보고는 '나도 할 수 있을 것 같다. 한번 해보면 정말 좋겠다' 란 생각을 했어요. 그랬더니 사람들이 전부 저보고 제정신이 아니라고 하더라고요.

What was the most difficult part?

어떤 점이 가장 어려웠나요?

The swimming is a killer. I'm not a natural swimmer; it's very foreign. But, I'm always into challenging myself and seeing what I can do. It's really tiring but it's fun.

수영이 정말 어려웠어요. 제가 타고난 수영 선수도 아니고요. 수영은 저한테 낯선 운동이에요. 하지만 전 항상 어떤 일에 도전해서 제가 해낼 수 있는지 보는 걸 좋아해요. 피곤하긴 하지만 재미있어요.

Tips & Words

crawl 기어가다	**be into** ~에 푹 빠지다
killer (목숨을 앗아갈 정도의) 매우 힘든 일	**challenge** ~에 도전을 하다
foreign 낯선, 외국의	

Dialogue

A Jennifer Lopez completed a Triathlon in two hours, 23 minutes and 38 seconds.
제니퍼 로페즈가 철인3종경기를 2시간 23분 38초에 완주했어.

B How amazing! She is a natural athlete.
정말 대단하다! 운동 신경 하나는 타고 났다니까.

종교 학교가 아니에요.

할리우드 스타 부부 월 스미스와 제이다 핀켓이 자녀들을 위해 학교를 세웠다. 그런데 이 학교가 톰 크루즈 등 유명 연예인이 심취한 신흥 종교인 '사이언톨로지'와 관련된 종교 단체가 아니냐는 speculation ^{의혹} 이 제기됐다.

'뉴 빌리지 아카데미'란 이름의 이 private school ^{사립 학교} 는 사이언톨로지 교육 기관으로 정식 승인 되지는 않았다. 하지만 교육 과정에 종교 관련 과목이 포함돼 있는 것으로 전해졌다.

이에 대해 스미스는 "아이들에게 즐겁게 공부할 수 있는 곳을 만들어 주고 싶었을 뿐"이라며 '종교 학교설' 의혹을 일축했다. 이어 "그 동안은 home-school ^{집에서 아이들을 가르쳤는데} 마음 맞는 부모들 몇 명하고 특별한 학교를 만들어 함께 가르치기로 했다"고 덧붙였다.

한편, 톰 크루즈와 케이티 홈즈의 딸 '수리' 역시 이 학교에 attend ^{다닐 것으로} 알려져 화제가 되기도 했다.

It is a <u>secular</u> school. 종교 학교가 아니에요.

 When did the idea of building a school come to you?
학교를 세우겠다는 생각은 언제 하시게 된 건가요?

 About 10 years ago, Jada and I started dreaming about the possibility of creating an ideal educational environment, where children could feel happy, positive, and excited about learning.
10년 전쯤 제이다와 저는 이상적인 교육 환경을 만들어줄 수 있을지에 대해 생각하기 시작했어요. 아이들이 행복하고 긍정적이고 배움에 대해 흥미를 가질 수 있는 그런 곳 말이죠.

We started home-schooling our children probably six years ago. We found about eight or nine other parents that home-school, so we put them together. There's just very powerful educational concepts that we believe in, and we want to design the system that revolutionizes public education.
한 6년 전부터 아이들을 집에서 가르쳤어요. 그러다가 저희와 비슷하게 아이들을 집에서 교육하는 부모들을 8~9명 알게 돼 아이들을 함께 가르치기로 했죠. 우리가 생각하는 아주 강력한 교육적인 가치가 있어요. 그래서 공교육과는 확연하게 다른 시스템을 만들고 싶었어요.

Tips & Words

speculation 추측, 투기	**revolutionize** 혁명을 일으키다, 큰 변화를 가져오다. revolutionize는 혁명이라고 할 만큼 '큰 변화를 가져오다' 라는 뜻으로 사용할 수 있어요. 본문에선 공교육과는 전혀 다른 교육 제도를 만들고 싶었다는 의미로 쓰였죠.
attend 참석하다. (학교에) 다니다	
home-schooling '홈스쿨링'은 말 그대로 학교에 등교하는 대신 집에서 공부하는 것을 말해요.	

Dialogue

A What do you think about home-schooling?
'홈스쿨링'에 대해서 어떻게 생각해?

B It is becoming popular, but I prefer regular schooling.
점점 인기를 얻고 있긴 한데, 그래도 난 정규 학교 교육 과정이 더 좋아.

유럽의 신뢰도는 '추락 위기' 상황!

아일랜드 출신 록스타이자 poverty ^{빈곤} 퇴치 운동가로 유명한 보노(Bono)가 부국 정상들을 향해 비난의 화살을 날렸다.

보노는 "부국 대표들이 G8 summit talk ^{정상회담} 을 통해 아프리카에 대한 aid ^{원조} 를 늘리겠다고 약속만 하고 이행하지 않아 유럽의 credibility ^{신뢰도} 가 on the line ^{추락할 위기} 에 놓였다"고 말했다. 이어 "21세기를 이끌어가기 위해 빈국에 대한 원조 는 꼭 필요하다"고 강조했다.

그는 특히 니콜라 사르코지 프랑스 대통령에게 거는 기대가 크다고 밝히면서 이 런 일들을 해결하기 위해서는 그의 냉철한 판단력이 필요하다고 이야기했다. 이 와 함께 아프리카의 annual growth rate ^{연간 성장률} 이 6%라는 점을 언급하면서 아 프리카 대륙의 밝은 내일에 대한 기대감을 내비쳤다.

European credibility is <u>on the line!</u>

유럽의 신뢰도는 '추락 위기' 상황!

on the line은 외줄 위에 서 있는 것처럼 매우 '위태로운'이란 뜻입니다. 참고로 전화와 관련해서는 '~가 전화(선)에 연결돼 기다리고 있는 상황'을 말합니다.

Did the EU leaders keep their promise to increase aid for the African continent?

EU 지도자들이 아프리카 대륙에 대한 원조를 늘리겠다고 한 약속을 지켰나요?

European credibility is on the line. Aid is a necessary foundation for the building-blocks of the 21st century. The continent is going to take off.

유럽의 신뢰도는 '추락 위기'에 놓였어요. 원조는 21세기를 나아가기 위해 필요한 초석입니다. 아프리카 대륙은 머지 않아 비상할 것입니다.

We are their neighbors, we should be their partners. I have high hopes for President Sarkozy. I believe his hard-headedness might be necessary to work on some of these problems.

우리는 그들의 이웃입니다. 또 동반자가 되어야 합니다. 저는 특히 사르코지 대통령에게 큰 기대를 가지고 있습니다. 그의 냉철한 판단력이 이런 문제들을 해결해 나가는 데 있어 필요한 것 같습니다.

Tips & Words

foundation 기본, 토대

building-block 집을 짓는 '나무 토막'이란 뜻으로 '기본 틀'을 언급하는 맥락에서 자주 사용해요.

hard-headedness 냉철함

work on ~에 작용하다 ~일을 계속하다

Dialogue

A I think my job is on the line. Two of my colleagues were fired this month.
나 언제 잘릴지 몰라. 이번 달에 동료가 두 명이나 해고됐어.

B Don't worry. You will be fine. You were even given the best employee of the year award.
걱정하지 마. 괜찮을 거야. 넌 올해의 우수 사원상까지 받았잖아.

흑인 원더우먼이 등장할 때가 되지 않았나요?

"원더우먼이 되고 싶어요."

미국 톱가수 비욘세 놀스가 '흑인 원더우먼'이 되고 싶다는 뜻을 밝혔다.

놀스는 박물관에 **on display** 진열된 린다 카터의 70년대 오리지널 원더우먼 **costume** 의상 을 보고 홀딱 반해 '슈퍼 영웅'이 되기로 결심했다며 영화 관계자들을 만나 "강력한 파워를 자랑하는 흑인 원더우먼이 등장할 때가 되지 않았냐?"고 이야기한 것으로 전해졌다.

아름다운 S라인의 소유자인 그녀는 호리호리한 원더우먼의 황금 **proportion** 비율 몸매에 대해 언급하며 살짝 부담스러워 하는 모습을 보이기도 했다. 하지만 "원더우먼 의상을 입으려면 그에 맞는 몸매를 만들어야 하는 건 당연하다"면서 원더우먼이 되어 훨훨 날고픈 꿈에 대한 기대를 한껏 드러냈다.

미국에서 1970년대 만화 영화로 처음 선보인 '원더우먼'은 린다 카터가 주인공으로 출연한 TV 시리즈로 당시 큰 인기를 얻었다.

A black Wonder Woman would be a powerful thing. It's time for that, right?

강력한 파워를 자랑하는 흑인 원더우먼이 등장할 때가 되지 않았나요?

It's time for ~는 '~할 때다'란 뜻이에요.
Now it's time for Plan B. (차선책을 마련할 때예요.)

Why do you want to be a "Wonder Woman"?

왜 '원더우먼'이 되고 싶으세요?

I want to do a superhero movie and what would be better than Wonder Woman? A black Wonder Woman would be a powerful thing. It's time for that, right?

영화에서 '슈퍼 영웅' 역할을 하고 싶은데 원더우먼 만한 역할이 없잖아요? 흑인 원더우먼은 강력한 캐릭터가 될 것 같아요. 이제 나올 때가 되지 않았나요?

Are you planning to wear the Wonder Woman costume?

원더우먼 의상을 입을 계획인가요?

I would definitely have to keep it right for that costume. The way that Lynda Carter wore it, she was so fine. It was pretty crazy, actually, her proportions. I love Wonder Woman and it'd be a dream come true to be that character.

물론 원더우먼 의상을 입으려면 몸매를 제대로 만들어야겠죠. 린다 카터가 입었던 스타일은 정말 좋았어요. 몸매 비율이 놀라울 따름이에요. 전 원더우먼이 정말 좋아요. 제가 원더우먼이 된다면 어린 시절 꿈이 이뤄지는 거예요.

Tips & Words

| costume 의상 | proportion '비율, 균형'이란 뜻으로 본문에선 |
| definitely 명확히 | 과거 원더우먼 역할을 맡은 배우의 균형 잡힌 몸매를 표현하기 위해 사용됐어요. |

Dialogue

A A family of a woman asked the Supreme Court to allow the withdrawal of life support. The woman has been in a vegetative state for 10 years.
한 여성의 가족이 대법원에 생명 유지 장치를 제거할 수 있도록 해달라고 요청했어. 그 여성은 10년 동안 식물인간이었대.

B It's high time to consider whether to legalize mercy killing.
존엄사를 합법화 해야 할지에 대해 생각할 때인 것 같아.

여동생이 정신 분열증을 앓고 있어.

그는 불안에 떨고 있어.

배움에 나이가 무슨 상관이야.

그녀는 운동 신경 하나는 타고 났어.

나는 (종교 학교가 아닌) 일반 학교가 더 좋아.

나 언제 잘릴지 몰라.

저녁 먹을 시간이야.

leak
새다

leak은 '물, 가스, 비밀 등이 새다'라는 뜻의 동사입니다. '정보, 비밀 등이 새다, 누설되다'란 뜻으로도 사용됩니다. 참고로 반대말인 '막히다'는 clog입니다. My drain was clogged up again.(내 배수구가 또 꽉 막혔다.)

The space shuttle launch has been delayed twice because of a hydrogen gas leak.
우주 왕복선은 수소 가스 누출로 발사가 두 차례 연기됐다.

casualty
사상자

부상자(injury)와 사망자(fatality)를 합친 '사상자'는 causality라고 합니다. 또 '사망자 수'는 death toll이라고 합니다.

Most of the casualties were civilians who were at home.
대부분의 사상자는 집에 있던 민간인이었다.

plagiarize
표절하다

남의 것을 베끼는 '표절'은 plagiarism이라고 합니다. 또 흔히 '커닝'으로 불리는 시험에서의 부정 행위는 cheating이라고 합니다. '속이다'라는 뜻의 동사 cheat에서 나왔습니다. 참고로 cheat은 '배우자를 속이다'라는 의미로 '바람 피우다'의 뜻으로도 쓰입니다.

In her article, she plagiarized a few sentences from her teacher's book.
그녀는 스승의 책에서 몇 문장을 자신의 글에 표절했다.

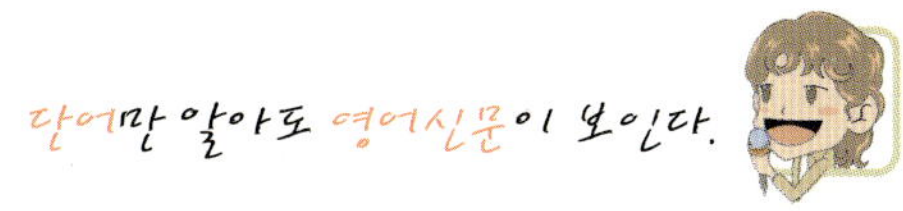

reckless driving
부주의한 운전

'운전하다'는 보통 drive라고 합니다. '운전대를 잡다'라는 의미의 get behind the wheel로 표현하기도 합니다. '부주의한 운전'은 '무모한'이란 뜻의 단어 reckless를 사용해 reckless driving이라고 합니다. 또 음주 운전은 drunk driving, 과속은 speeding입니다.

Many teenage boys have lost their lives because of reckless driving.
많은 10대 소년들이 부주의한 운전으로 목숨을 잃었다.

take it or leave it
양자택일

Take it or leave it은 '가져가려면 가져가고 말려면 말라'는 의미로 '양자택일'이란 뜻입니다. 참고로 '눈에는 눈, 이에는 이 맞불 작전'은 tit-for-tat이라고 합니다.

It really was a non-negotiable: a take-it-or-leave-it offer.
그건 정말 협상의 여지가 없는 양자택일의 제안이었다.

extramarital affair
혼외정사

혼외정사는 결혼을 의미하는 marital에 extra를 더해 extra-marital affair라고 합니다. affair에는 '사건, 일'이라는 뜻 외에 '정사'라는 뜻이 있습니다. 그래서 have an affair는 '바람 피우다'란 뜻입니다.

The senator acknowledged having an extramarital affair with his secretary.
그 상원 의원은 비서와의 혼외정사 사실을 시인했다.

오토바이에서 많이 떨어질 것 같아요.

멋진 왕자들이 오토바이를 타고 8일에 걸쳐 아프리카 대륙을 달린다. 영국의 월리엄 왕자와 동생 해리 왕자가 자선 기금을 마련하기 위한 motorcycle rally ^{오토바이 대장정} 에 나섰다.

월리엄 왕자는 "이번 여행은 새로운 모험인 동시에 뜻깊은 charity ^{자선 활동} 이기 때문에 동생과 함께 도전하기로 결심했다"고 말했다. 하지만 울퉁불퉁 비포장 도로는 약간 걱정된다고 덧붙였다.

누가 더 오토바이를 잘 타느냐고 묻자 월리엄 왕자는 "둘 다 꽤 잘 타는 편"이라고 했다. 그러자 옆에 있던 해리 왕자가 "2~3일만 지나면 금방 알게 될 것"이라며 quip ^{재치 있는 말} 로 받아 쳤다.

한편 해리 왕자는 남아프리카 공화국의 한 장애인 수용 시설을 방문해 직접 수레를 끄는 등 개보수 작업에 참여하며 구슬땀을 흘렸다. 그는 2004년 Gap Year ^{학생 안식년} 을 가지면서 이 지역에서 봉사활동을 벌였는데, 이것이 인연이 되어 방문한 것으로 알려졌다.

We're expecting to fall off the motorbikes many a time.

오토바이에서 많이 떨어질 것 같아요.

오토바이는 motorcycle, motorbike라고 해요.

 Are you a good motorbike rider?
오토바이 잘 타세요?

 We both ride bikes at the moment but on-road biking is completely different. All the off-road stuff is up hills, down slopes, across rivers and is all rocky and hilly. It's going to be very challenging and we're expecting to fall off the motorbikes many a time.
저희 둘 다 오토바이는 탈 줄 알아요. 하지만 도로에서 타는 건 전혀 다른 얘기죠. 비포장 도로는 전부 오르막, 내리막에 비탈길도 있고, 강도 지나가고, 또 돌도 많고 언덕도 많잖아요. 이번 여정은 정말 힘들 것 같아요. 오토바이를 타다가 많이 넘어질 것 같고요.

 Which royal prince is the better motorbike rider?
어떤 왕자님께서 더 잘 타시나요?

 Diplomatically speaking, we're both quite good, actually.
외교적으로 말씀 드리면, 둘 다 꽤 잘 타는 편이에요.

 We'll have to wait and see in a couple of days' time.
한 2~3일만 기다려 보면 알게 될 거예요.

Tips & Words

quip 재치 있는 말
gap year 영국에서 고등학교 졸업과 대학 입학 사이에 1년의 간격을 두고 다양한 경험을 해보는 '학생 안식년'을 의미해요.

fall off 떨어지다
many a time 상당히 많이 ('many + a + 명사' 는 많다는 내용을 강조하는 구문)

Dialogue

A Do you think a motorbike license is necessary?
오토바이 면허증이 필요하다고 생각해?

B Yes, of course. Motorbike accidents are increasing because of reckless teenage drivers.
당연하지. 부주의한 10대 운전자들 때문에 오토바이 사고가 늘고 있다고.

연기하면서 학위를 따는 건 불가능할 것 같아요.

영화 해리포터 시리즈의 헤르미온느 역으로 유명한 배우 엠마 왓슨이 더 이상 연기를 하지 않겠다고 선언했다. 그녀는 이제 연기에 대한 **burning passion** ᵗ거운 열정 이 사라졌다면서 **normal** 평범한 삶을 살고 싶다고 이야기했다.

왓슨은 일전에 대학 진학 문제로 연기 활동을 중단하고 싶다는 이야기를 한 바 있다. 그녀는 배우와 학생이란 '두 마리 토끼'를 잡기 위해 노력하고 있지만 영화 촬영과 대학 생활을 **juggle** 동시에 하면서 학위를 이수하는 게 사실상 불가능하다고 말했다.

이에 따라 이번 은퇴를 두고 왓슨이 학교 생활에 전념하기 위해 내린 결정이라는 관측이 힘을 얻고 있다. 하지만 일각에서는 〈해리포터와 혼혈왕자 Harry Potter And The Half-Blood Prince〉 영화를 홍보하기 위해 노이즈 마케팅을 벌이는 게 아니냐며 **express doubt** 의심의 눈초리를 보냈다.

It will be impossible to juggle an acting career while studying for a degree.

연기하면서 학위를 따는 건 불가능할 것 같아요.

여러 개의 공을 공중에 동시에 던져 공을 바닥에 떨어뜨리지 않아야 하는
juggle(저글링)은 '여러 가지 일을 동시에 해내다' 라는 뜻으로 사용됩니다.

Are you going to stop acting to go to university?

대학에 가기 위해 연기를 중단할 건가요?

I would like to go to university and complete a degree and so that will mean a break from acting. I've always tried to balance my education with my acting career, but I just don't think it will be possible to juggle it with a degree.

대학에 가서 학위를 받고 싶어요. 그러려면 연기는 쉬어야 할 것 같아요. 학업과 연기자 생활의 균형을 맞추려고 노력해 왔어요. 하지만 연기를 하면서 동시에 학위를 따는 건 불가능할 것 같아요.

Have you lost a passion for acting?

연기에 대한 열정은 사라진 건가요?

There's not a burning passion in me that I have to act. I don't want to act again. I probably sound like a paranoid nut, but I'm doing this because I want to be normal. I really want anonymity.

이제 제 안에 연기를 꼭 해야겠다는 뜨거운 열정 같은 건 없어요. 다시 연기를 하고 싶지 않아요. 제가 이렇게 얘기하는 게 꼭 편집증 환자처럼 보일 거예요. 하지만 정상적으로 살고 싶어서 이러는 거예요. 전 정말 사람들 속에 묻혀서 살고 싶어요.

Tips & Words

| degree 학위 | nut 미친 사람 |
| paranoid 편집증의 | anonymity 익명성 |

Dialogue

A It is extremely difficult to juggle with work and kids.
직장 생활하면서 동시에 애들 키우려니 죽을 맛이야.

B Why don't you find a good nanny?
좋은 보모를 한번 알아보는 게 어때?

달콤한 맛을 좋아해요.

TV 리얼리티쇼를 통해 **sharp tongue** 독설가 요리사로 유명해진 고든 램지가 방송을 통해 요리를 시작하게 된 계기를 밝혔다.

세계 최고의 축구 선수를 꿈꾸며 프로 축구 클럽에서 활약하던 램지는 뜻하지 않은 부상으로 열여덟 살 되던 해 꿈을 접을 수밖에 없었다고 했다. 하지만 **looking back** 과거에 연연하지 않는 성격의 그는 "**Don't cry over spilt milk** 엎질러진 물은 어쩔 수 없다며 툴툴 털고 일어섰다"고 말했다.

한편 세계 최고의 요리사 램지에게 가장 좋아하는 음식이 뭐냐고 묻자 그는 망설이지도 않고 "초콜릿"이라고 답했다. "**I have a sweet tooth** 달콤한 맛을 좋아한다"는 그는 특히 '퐁듀 초콜릿'을 좋아한다고 말했다.

I have a sweet tooth. 달콤한 맛을 좋아해요.

When did you start cooking?
요리는 언제 시작하셨어요?

At the age of 18, I had a horrendous accident when I smashed my cartilage. That's how I got into cooking, through soccer. There's no script. I don't like looking back. I'm always constantly looking forward. I'm not the one to sort of sit and cry over spilt milk.

열여덟 살 때 연골 조직이 크게 손상되는 끔찍한 사고가 있었어요. 그래서 축구를 하다가 요리를 시작하게 됐죠. 각본은 없어요. 전 과거에 연연하는 편이 아니에요. 항상 앞을 보고 달려가는 편이죠. 엎질러진 물을 보고 주저 앉아 우는 성격은 아니에요.

By the way, what is your favorite food?
그런데, 어떤 음식을 가장 좋아하세요?

I absolutely adore chocolate. I have a sweet tooth; I love the most amazing fondue chocolate with milk ice cream. And everywhere I go, all I want to eat is chocolate.

전 초콜릿을 정말 좋아해요. 달콤한 맛을 좋아하거든요. 밀크 아이스크림을 곁들인 퐁듀 초콜릿을 가장 좋아하고요. 어느 곳을 가든 제가 항상 먹고 싶은 건 초콜릿이에요.

Tips & Words

Don't cry over spilt milk '이미 일어날 일로 후회한들 소용없다'는 속담을 이용하여 대답한 표현에 '미래지향적'인 그의 성격이 잘 묻어납니다.

horrendous 끔찍한

smash 때려부수다, 세게 충돌하다

cartilage 연골

constantly 끊임없이

look forward 앞을 내다보다

Dialogue

A I shouldn't have dumped Jane.
제인을 차는 게 아니었는데.

B Don't cry over spilt milk. There are plenty of fish in the ocean.
이미 쏟아진 물을 어쩌겠어. 세상은 넓고 여자는 많아.

상황은 좋았다 나빴다 할 것 같아요

미국 CBS 방송의 간판 앵커인 케이티 쿠릭이 **poor performance** ^{부진한 성적} 을 만회하기 위해 팔을 걷어붙이고 나섰다.

쿠릭은 NBC 아침 간판 프로그램인 '투데이 쇼'에서 15년간 인기 앵커로 활약하다 CBS와 **annual salary** ^{연봉} 1,500만 달러에 단독 앵커직을 계약하며 화제를 모았다. 최초의 여성 단독 앵커로 'Evening News'를 이끌어 나가고 있는 쿠릭은 기대에 못 미치는 뉴스 **ratings** ^{시청률} 로 한동안 고전을 면치 못했다.

하지만 미 대선 부통령 후보였던 세라 페일린을 초청해 날카로운 질문을 던지며 성공적으로 인터뷰를 진행, 다시금 최고 앵커의 모습을 선보였다. 그녀는 "사람들과 이야기하는 것, 인터뷰라면 자신 있는데 그 동안 내 '주종목'에서 **excel at** ^{실력을 발휘할} 만한 기회가 별로 없었다"고 말했다.

I think we're going to see ebbs and flows.

상황은 좋아졌다 나빠졌다 할 것 같아요.

ebbs and flows는 '썰물과 밀물'이란 뜻으로 일, 사업 등의 상황이 좋았다 나빴다 하는 것을 말합니다. 같은 뜻으로 ups and downs가 있습니다.

Have you ever lost confidence concerning your work and abilities?

일이나 능력과 관련해서 혹시 자신감을 잃어본 적이 있으신가요?

I've never really lost confidence in my abilities, which I guess is pretty miraculous. I didn't really have a lot of platforms to do what I excel at, which is talk to people and do interviews.

저는 제 능력과 관련해서 자신감을 잃어본 적이 단 한번도 없어요. 제가 생각해도 정말 놀라운 일이에요. 그 동안 제 '주종목'에서 실력을 발휘할 만한 기회가 별로 없었어요. 사람들과 이야기하는 것, 인터뷰라면 자신 있는데 말이죠.

What do you think about the record-low ratings of the CBS News?

CBS 뉴스가 역대 최저 시청률을 기록한 것에 대해 어떻게 생각하세요?

Honestly, I think we're going to see ebbs and flows. I don't think it's a doom-and-gloom scenario.

솔직히 말씀드리면 저희 상황은 좋아졌다 나빠졌다 할 것 같아요. 절망적인 상황이라고 생각하지는 않습니다.

Tips & Words

confidence 자신감	record-low 최저 기록의 (↔ record-high)
miraculous 놀랄 만한, 기적 같은	doom-and-gloom 절망적인
excel at ~에 뛰어나다	

Dialogue

A Congratulations! You won the marathon for the first time.
축하 드려요. 마라톤에서 처음으로 우승 하셨네요.

B Thank you. There have been ebbs and flows during the race. It is unbelievable!
고맙습니다. 경기 내내 앞서거니 뒤서거니 했어요. 정말 실감이 나질 않습니다.

슬프고 힘든 일이 없으면 즐겁고 행복한 느낌도 절대 알 수 없어요.

Parkinson's disease 파킨슨병 으로 투병 중인 미국 영화배우 마이클 J. 폭스가 드라마에 모습을 드러냈다. 폭스는 한 방송에 출연해 최근 출연한 작품의 '독특한 상황'에 대해 이야기했다.

그는 "파킨슨병에 걸린 내가 paralyzed man in a wheelchair 몸이 마비돼 휠체어를 탄 사람 역할을 맡았다"면서 움직이지 않고 가만히 있기 힘든 사람이 the opposite 정반대의 상황 을 연기하게 됐다"고 말했다. 떨림 증세 등을 겪고 있는 것으로 알려진 폭스는 ironic situation 아이러니한 상황 에 대해 이야기하면서도 모처럼 출연한 작품에서 즐겁게 연기했다고 전했다.

폭스는 또한 optimism 낙관론 과 희망을 주제로 한 책을 집필 중인 것으로 알려졌다. 그는 "자신이 처한 현실을 받아들이는 게 삶을 헤쳐나가는 데 도움이 된다"면서 "슬프고 힘든 일이 없으면 즐겁고 행복한 느낌 또한 알 수 없다"고 말했다.

If you're never down you'll never know how good it feels to be up.

슬프고 힘든 일이 없으면 즐겁고 행복한 느낌도 절대 알 수 없어요.

기분을 표현할 때 좋을 때는 up, 안 좋을 때는 down을 사용합니다.
우울한 기분을 말할 때 ~ be down in the dumps라고 할 수도 있습니다.

How do you feel about reappearing on TV in a long time? Do you like the character?

오랜만에 다시 TV에 출연한 기분이 어떠세요? 역할은 맘에 드세요?

The funny part is me playing a paralyzed guy because I am the opposite of paralyzed. It's tricky just to even be still. The character is really dark and misanthropic. It's really fun.

정말 재미있는 건 제가 몸이 마비된 사람 역할을 맡았다는 거예요. 왜냐하면 지금 제 상태는 몸이 마비된 거하고 정반대의 상황이거든요. 움직이지 않고 가만히 있는 것 자체가 어려운 상태니까요. 제가 맡은 역할은 어둡고 염세적인 사람이었어요. 정말 재미있었어요.

What is the book you are writing about?

집필 중인 책은 어떤 내용인가요?

It's about the way that a certain level of acceptance that helps you get through life. If you're never down you'll never know how good it feels to be up. I love my life for whatever difficulties there are.

자신이 처한 현실을 받아 들이는 게 삶을 헤쳐나가는 데 도움이 된다는 내용의 책이에요. 슬프고 힘든 일이 없으면 즐겁고 행복한 느낌 또한 절대로 알 수 없어요. 어떤 어려움이 있더라도 전 제 삶을 사랑해요.

Tips & Words

tricky 까다로운	misanthropic 염세적인
still 고요한, 움직이지 않는	get through (힘든 상황을) 이겨내다

Dialogue

A How do you feel today?
오늘 기분 어때?

B I feel down in the dumps.
나 우울해.

시간이 정말 빨리 가는 것 같아요.

"**Time really flies** 시간이 정말 빨리 가는 것 같아요."

미국 팝스타 크리스티나 아길레라가 데뷔 10주년 기념앨범을 발표했다. 끊임없이 이미지 변신을 시도한다는 아길레라는 "이전 앨범과 달리 이번 베스트 앨범에서는 **futuristic** 미래 지향적인 느낌을 연출하고 싶었다"고 말했다. 그 동안 **constantly** 꾸준히 이미지 변신을 시도해온 그녀는 또한 "목소리 변신을 꾀해 지금까지 한 번도 시도 하지 않은 새로운 방식으로 노래하고 싶었다"고 덧붙였다.

한편 90년대 후반 아길레라와 쌍벽을 이루며 10대 가수 붐을 주도했던 브리트니 스피어스도 재기에 성공, 좋은 반응을 얻었다. 한동안 기대에 못 미치는 공연 과 기이한 행동으로 **declining diva** 몰락한 여왕 타이틀을 달고 다니던 스피어스. 하 지만 MTV 비디오 뮤직 어워드에서 '올해의 비디오' 등 세 개 부문의 상을 거머 쥐며 다시금 '팝의 여왕'으로 등극했다. 당시 객석에 있던 스타들은 그녀의 화려 한 컴백에 **standing ovation** 기립 박수 를 보내 눈길을 끌었다.

Time really flies. 시간이 정말 빨리 가는 것 같아요.

Time really flies.는 '시간이 정말 빨리 지나간다' 는 뜻으로
Time flies like an arrow. (시간이 쏜살같이 지나간다.)처럼 사용할 수도 있습니다.

Could you talk about your new album?

새 앨범에 대해 말씀해주시겠어요?

I wanted to go in a completely opposite direction — a very futuristic and computer-sounding vocal. And, I'm a very visual artist and am constantly trying something new.

전혀 새로운 방향으로 나아가고 싶었어요. 미래지향적이고, 컴퓨터로 만든 음색들처럼요. 또 전 시각적인 면을 많이 보여 드리는 아티스트이고 꾸준히 새로운 걸 시도해 왔어요.

Luckily, from what I can tell from reading letters and conversing with them when on tour, my fans love and are always open to my love for change.

제가 받은 편지나 순회공연 중 사람들과의 대화를 통해 느낀 걸 말씀드리자면 제 팬들은 항상 변화를 추구하는 제 모습을 열린 마음으로 좋게 봐 주시는 것 같아요.

Tips & Words

declining 기울어가는, 쇠퇴하는

futuristic 미래 지향적인

constantly 끊임없이

be open to ~을 받아드릴 자세가 되어있다, ~에 개방적이다

Dialogue

A Time flies when we're having fun, doesn't it?
재미있게 놀 땐 시간이 빨리 간다니까. 안 그래?

B Absolutely. Time really flies.
누가 아니래. 시간 정말 빨리 간다.

'여성 전용' 콘서트예요.

"여성분들만 오세요."

미국 R&B 톱스타 어셔가 'ladies only 여성 전용' 콘서트를 연다. 여성만을 위한 콘서트를 여는 특별한 이유가 있느냐는 질문에 어셔는 "이런 공연을 열어 pull-off 성공할 수 있는 사람이 몇 명 안 된다"며 여성 팬과의 돈독한 관계를 자랑했다.

그는 또한 "여성 팬들이 내 masculine build 탄탄한 근육질 몸매 가 아직 살아있는지 보고 싶어한다"며 우스갯소리를 했다.

한편 어셔는 결혼 2년 만에 파경을 맞았다. 결혼 초기부터 불화설에 시달렸던 그는 그 동안 아내와 남남처럼 지내온 것으로 전해졌다. 어셔는 이혼 소송에서 "우리 the marriage is 'irretrievably broken' 결혼 생활은 다시 돌이킬 수 없는 상태"라고 말했다.

This is a "ladies only" concert.

여성 전용 콘서트예요.

What made you hold a "ladies only" concert?

어떻게 해서 '여성 전용' 콘서트를 열게 되신 건가요?

There's only a few artists that can pull that off. I feel like I've had such a connection with my audience. This album, I felt like, was definitely the type of one that was more intimate. So what better way to get up close and personal than to make it all women?" And the ladies like to see that masculine build. They question if I still got it.

이런 걸 성공할 수 있는 사람이 몇 명 안 되잖아요. 청중들하고 저 사이에는 뭐랄까 끈끈한 유대감 같은 게 있는 것 같아요. 특히 이번 앨범 같은 경우는 좀 더 친밀하게 다가가는 느낌이거든요. 여성 전용 콘서트보다 더 가깝게, 사적인 느낌으로 다가갈 수 있는 게 뭐가 있겠어요? 그리고 여성들이 제 탄탄한 근육질 몸매를 보고 싶어하잖아요. 아직 제 근육이 살아있는지 궁금해 하죠.

Can you tell me about your son?

아들에 대한 얘기 좀 해주시겠어요?

He's got my name and it seems to me he has my personality. I hope whatever he chooses to do in his life; he goes after it with passion and dedication.

저하고 이름도 똑같고 성격도 닮은 것 같아요. 아들이 살아가면서 어떤 선택을 하든 열정을 가지고 열심히 그 일을 해나갔으면 좋겠어요.

Tips & Words

irretrievable 회복할 수 없는	go after ~을 구하다, 쫓아가다
pull off 달성하다, 성공하다	dedication 바침, 헌신
intimate 친밀한, 개인적인	

Dialogue

A Did you hear that Usher will hold a "ladies only" concert in our town?
어셔가 우리 동네에서 '여성 전용' 콘서트를 연다는 얘기 들었어?

B Yes, of course. I bought two tickets in advance.
당연하지. 내가 표 두 장 예매했어.

빌 게이츠가 청중에게
모기떼를 풀었어요.

공식 은퇴 후 **philanthropist** ^{자선사업가} 로 변신한 빌 게이츠 전 마이크로소프트 회장이 강연 중 별안간 유리병을 열어 모기떼를 풀었다. 말라리아에 대한 경각심을 일깨우기 위해 '깜짝쇼'를 준비한 것.

게이츠는 "말라리아는 모기에 의해 전염되는데 여기서 **roam** ^{돌아다니게} 해 보자"고 말했다. 이어 "왜 가난한 사람들만 말라리아에 걸려야 하느냐"고 덧붙였다. 강연장이 술렁이자 그제서야 그는 살포된 모기에는 말라리아가 없다며 청중을 안심시켰다.

게이츠는 또 "말라리아 약보다 대머리 치료제 개발에 더 많은 자금이 쓰인다"며 질병 퇴치 산업에 대한 선진국의 무관심을 지적했다. 그는 "**baldness** ^{대머리} 는 부자와 관련된 일이기 때문에 중요한 일의 **priority** ^{우선순위} 가 이렇게 설정된 것"이라고 꼬집었다.

게이츠는 부인과 함께 '빌 앤드 멜린다 게이츠 재단'을 설립해 아프리카를 비롯한 지역에 만연하고 있는 질병 **combat** ^{퇴치} 에 앞장서고 있다.

Bill Gates unleashes a <u>swarm of</u> mosquitoes into audience.

빌 게이츠가 청중에게 모기떼를 풀었어요.

a swarm of ~는 (벌레, 곤충 등의) '떼, 무리'란 뜻입니다.
A swarm of bees하면 '벌 떼'가 돼요.

What is in the glass jar that you are holding?

들고 계신 유리병 안에는 뭐가 들어 있나요?

Malaria is spread by mosquitoes. I brought some. Here I'll let them roam around. There is no reason only poor people should be infected. More money was being spent finding a cure for baldness than developing drugs to combat malaria.

말라리아는 모기에 의해 전염됩니다. 제가 모기를 좀 가져왔습니다. 여기 모기를 풀어서 돌아다니게 해 보죠. 가난한 사람들만 말라리아에 걸리란 법은 없으니까요. 말라리아 퇴치보다 대머리 치료제를 개발하는 데 더 많은 돈이 사용되고 있습니다.

Now, baldness is a terrible thing and rich men are afflicted. That is why that priority has been set. But, I am an optimist; I think any tough problem can be solved.

대머리도 물론 끔찍합니다. 부자들이 고통받는 일이기도 하고요. 그래서 일의 우선순위가 이렇게 정해진 거죠. 하지만 전 낙관론자예요. 어떤 어려운 문제도 해결할 수 있다고 생각해요.

Tips & Words

| **roam** 돌아다니다, 배회하다 (around) | **afflict** 괴롭히다, 시달리다 |
| **combat** ~와 싸우다 | **priority** 우선하는 일 |

Dialogue

A What is the most important thing in your life?
네 인생에서 가장 중요한 게 뭐야?

B Being a good dad is a top priority for me.
좋은 아빠가 되는 게 나한텐 제일 중요해.

어제 오토바이 면허증을 땄어.

직장 생활하면서 애들 키우려니 죽을 맛이야.

난 단 것을 정말 좋아해.

상황이 좋아졌나 나빠졌다 할 것 같아요.

어제 좀 우울했어.

시간이 너무 빨리 가는 것 같아.

이곳은 회원 전용 클럽이에요.

벌떼가 그 아이를 쏘았다.

commercial
광고 방송

'상업적인, 민간의'란 뜻을 가지고 있는 commercial은 명사로 라디오나 텔레비전 등에 나오는 '방송용 광고'라는 뜻을 가지고 있습니다. 신문과 같은 인쇄 매체에 등장하는 광고는 advertisement(=ads)라고 합니다.

The 20-second TV commercial will run for three weeks in seven states.
20초짜리 TV광고가 7개 주에 3주 동안 방송될 예정이다.

unprecedented
전례 없는

unprecedented는 '전례가 없는, 유례가 없는'이란 뜻으로 신문에 자주 등장하는 단어 입니다. 그 동안 우리가 겪어 보지 못한 일, 과거에는 전혀 없었던 일이라는 사실을 강조할 때 사용합니다. 참고로 '세상에 단 하나밖에 없는, 독보적인'이란 말을 할 때는 one of a kind를 사용합니다. The painter is one of a kind. (그 화가는 독보적인 존재다.)

This credit crunch is unprecedented.
이런 신용 위기 사태는 전례가 없다.

allegedly
전해진 바에 따르면

allegedly는 '전해진 바로는'이란 뜻으로 어떤 사실이나 혐의가 아직 확정되지 않은 상황에서 사용하는 단어입니다.

He allegedly assaulted his girlfriend.
그는 여자친구를 폭행한 것으로 전해졌다.

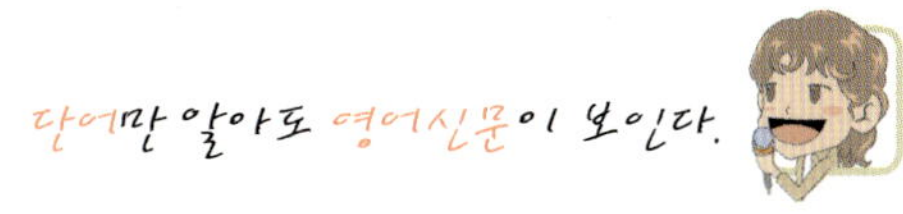

bottom line
핵심, 최종 결과

기업의 손익계산서(income statement) 맨 아래에는 모든 수입과 지출을 결산해 순이익이나 순손실(net profit or loss)을 적는 밑줄이 있는데 이걸 bottom line이라고 합니다. 맨 아랫줄에 가장 중요한 정보가 담겨있는 셈입니다. 그래서 bottom line이 '최종결과, 핵심'이라는 뜻이 됩니다.

The bottom line is they have no choice but to lay off workers.
핵심은 그 사람들이 직원들을 정리 해고 하는 것 외에는 선택의 여지가 없다는 것이다.

bullish, bearish
주식 강세, 약세

주식 시장(stock market)과 관련해서 자주 나오는 표현 중 강세(bullish), 약세(bearish)라는 표현이 있습니다. 두 가지 표현은 황소가 뿔로 들이 받으며 저돌적으로 달려나가는 모습과, 곰이 머리를 숙이고 발을 내리치는 모습에서 나온 것으로 알려져 있습니다.

The bullish sentiment of the market mighe continue this month.
이번 달에는 상승장세가 이어질 것으로 보인다.

counterpart
자신과 비슷한 직책에 있는 사람

'상대방'을 뜻하는 counterpart는 자신과 비슷한 직책이나 위치에 있는 사람을 말할 때 사용합니다. 예를 들어, 미국 대통령의 counterpart는 다른 나라 대통령이나 정상급 지도자들이 됩니다.

US President Barack Obama met his British counterpart Gordon Brown in London earlier this month.
버락 오바마 미국 대통령은 이달 초 런던에서 영국의 고든 브라운 총리를 만났다.

사랑을 말하지 못한 남자 그 사랑을 믿지 않았던 여자

〈더 리더: 책읽어주는 남자〉
7월, 스크린플레이로 찾아갑니다.

이일범 강원대 교수 | 값 18,000원

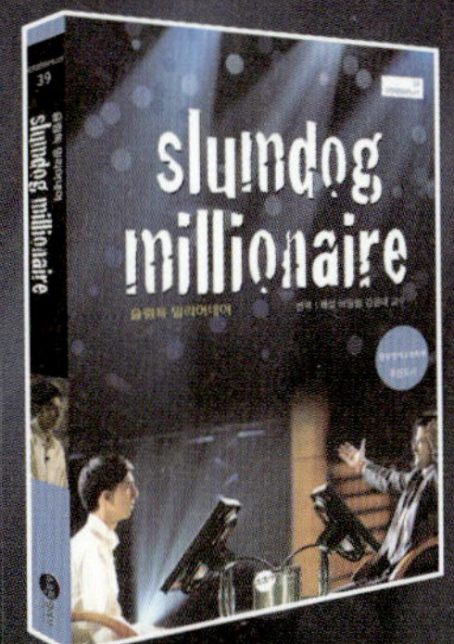

슬럼독 밀리어네어

행운도, 우연도… 그에겐 운명이었다!
대니 보일이 완성해 낸 기적 같은 이야기.
이젠 스크린플레이로 만나보세요!!

이일범 강원대 교수 | 값 18,000원

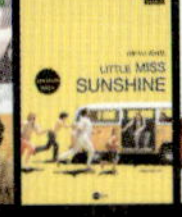